부를 끌어당기는 절대 법칙

성공과 자기 계발 분야의 선구적인 저자

월러스 D. 와틀즈

남북 전쟁 직후 미국에서 태어났으며 인생 초반에는 아주 많은 어려움을 겪었다. 인생 후반부에 들어서 와틀즈는 데카르트, 스피노자, 라이프니치, 쇼펜하우어, 헤겔, 스웨덴보그, 에머슨 등을 포함한 철학자들의 이론과 종교에 대해 다양하게 연구하기 시작했다. 와틀즈가 새로운 사고의 원칙을 발견하고 자신의 삶 속에서 그 원칙을 실행에 옮기게 된 것은 바로 이런 지칠 줄 모르는 연구와 실험을 통해서였다. 와틀즈는 이런 원칙들을 그의 저서에서 글로 옮기기 시작했다. 그는 창조적인 생각의 비전화라는 기술을 실행에 옮겼다.

『새로운 사고와 금식을 통해 얻는 건강』, 『부를 끌어당기는 절대 법칙』, 『위대해지는 절대 법칙』, 『잘 사는 절대 법칙』과 소설인 『헬파이어 해리슨』등 다수의 책을 저술했다. 그러나 그의 저서 중 가장 잘 알려진 것은 성공과 자기 계발 분야의 고전이라고 할 수 있는 『부를 끌어당기는 단 하나의 법칙』이다.

시공을 초월한 영원한 진리, 부와 성공을 이루는 마지막 비결

부를 끌어당기는 절대법칙

월러스 D. 와틀즈 지음 | 이옥용 옮김

북허브

머리말

이 책은 철학 서적이 아니다. 실용서적이다. 이론을 정립한 논문이 아니라 실생활을 위한 지침서다. 이 책은 인생에서 돈이 가장 절박한 문제인 사람들을 염두에 두고 쓴 것이다. 즉, 부자가 되는 것이 우선인 사람을 위한 것이다. 이 책은 이제까지 형이상학을 깊이 공부할 수 있는 시간이나 수단이나 기회를 가지지는 못했지만 실제적인 결과를 원하는 사람들을 위한 것이다. 과학적인 결론이 있다면 기꺼이 그에 따라 살아갈 뜻은 있지만, 그 결론에 도달하는 과정에 대해서 따져보고 싶은 마음은 없는 사람을 위한 책인 것이다.

독자는 마르코니나 에디슨이 제시한 전기의 법칙을 진리

로 받아들이듯이 이 책에 담겨 있는 기본적인 내용들을 신뢰를 가지고 받아들여야 한다. 이 책이 말하는 내용을 신뢰를 가지고 받아들일 때 독자는 두려워하거나 망설이지 않고 그 내용을 실제 행동에 옮김으로써 이 책의 내용이 진리임을 입증해줄 것이다.

이 책에서 제시한 내용을 실천에 옮기는 사람은 남자나 여자를 막론하고 누구나 다 틀림없이 부자가 될 것이다. 그것은 정확한 과학이며 실패란 있을 수 없기 때문이다. 그러나 이론적으로 깊이 연구해서 신뢰할 만한 논리적인 근거를 얻고 싶어 하는 사람들을 위해서, 나는 이 책의 근간을 이루어주는 작가와 사상가들의 이름을 여기에 밝히고자 한다.

우주 만물은 모두 근본적으로 하나이며 하나의 절대적인 실체가 물질세계를 이루고 있는 수많은 원소라는 외형적인 형태로 나타난다는 일원론은, 원래 힌두교에서 유래된 것이며 지난 200년 동안 서구 세계의 사상에 점진적으로 영향을 미쳐왔다. 일원론은 모든 동양 철학의 기반이 되었으며 또한 데카르트, 스피노자, 라이프니츠, 쇼펜하우어, 헤겔, 에머슨과 같은 철학자들의 사상적 기반이 되었다.

이 책의 철학적인 기반에 대해서 깊이 탐구하고자 하는 독자는 헤겔과 에머슨의 저서를 직접 읽어볼 것을 권한다.

이 책을 쓰면서 나는 어느 누구나 쉽게 이해할 수 있도록 하기 위해서 무엇보다도 쉽고 단순하게 쓰는 데 역점을 두었다. 이 책이 제사하는 행동 양식은 철학적 사유의 결과로부터 도출된 것이다. 그것은 철저하게 검증되었으며 실제적인 실험에서도 결과적으로 근거가 있음이 증명된다. 즉, 이것은 효과가 있다. 만약 그런 결론이 얻어진 과정을 알고 싶다면 위에서 언급한 작가들의 저서를 읽어보라. 또한 실제로 실천함으로써 그 철학의 산물을 얻고 싶다면, 다시 말해서 부자가 되고 싶다면 이 책을 읽어라. 그리고 이 책이 하라는 대로 그대로 따라하라.

월러스 와틀즈

부를 끌어당기는 절대 법칙

contents

제1장

당신도 부자가 될 권리가 있다

한 개인이 육체적으로 충만한 삶을 영위하고, 정신을 계발하고, 영혼의 욕구를 충족시킬 수 있는 길은 물질을 사용하는 데 있다. 그러므로 사람은 부유해야 한다. 사람에게 가장 중요한 것은 그것이다.

절대법칙

01 당신도 부자가 될 권리가 있다

가난도 미덕이라고 말할 수는 있다. 그러나 아무리 그렇게 말해도 부유하지 않다면 진정 성공적이거나 완전한 삶을 영위할 수 없다는 것은 현실이다. 많은 돈을 갖고 있지 않은 사람은 영적인 능력이나 지적 능력을 최대한 계발하고 발전시킬 수 없다. 영적으로 깊이를 더해가고 지적인 능력과 재능을 발전시키기 위해서 사람들은 많은 것을 사용해야 하는데 돈이 없으면 그런 것을 살 수 없기 때문이다.

인간은 사물을 사용함으로써 정신적, 영적, 육체적인 발전을 이룰 수 있다. 그런데 지금의 사회는 사물을 소유하기 위해서는 반드시 돈이 있어야 하는 구조로 이루어져 있다. 그러므로 인간이 발전을 이루는 기초는 반드시 부자가 되는 과학이어야 한다.

모든 생명체의 목적은 발전이다. 살아 있는 모든 생명체는 능력껏 최대한 발전을 해나갈 수 있는 권리를 갖고 있으며 그 권리는 어느 누구도 빼앗아갈 수 없는 것이다.

사람이 삶을 영위할 권리는 그의 정신과 영혼과 육체의 능력을 최대한 계발하고 발전시키는 데 필요한 사물들을 아무런 제한 없이 자유롭게 전부 다 사용할 수 있는 권리를 의미한다. 즉, 부자가 되는 권리를 의미한다.

이 책에서 내가 말하는 부(富)는 상징적인 의미의 부가 아니다. 정말로 부자가 되는 것은 아주 조금 갖고 있는 것에 만족하거나 안주하는 것을 의미하지 않기 때문이다. 더 많은 것을 사용하고 즐길 수 있다면 어느 누구도 조금 갖고 있는 것에 만족해서는 안 된다. 자연의 목적은 삶의 질을 높이고 폭을 넓히는 것이다. 그리고 모든 사람은 삶을 풍요롭고, 아름답고, 우아하고, 힘 있는 것으로 만드는 일에 사용할 수 있는 모든 것을 갖고 있어야 한다. 그보다 적은 것에 만족하는 것은 죄악이다.

부자는 원하는 것을 모두 갖고 있으며, 누릴 수 있는 모든 것을 누리며 살아가는 사람이다. 그런데 돈이 많지 않은 사람은 그가 원하는 모든 것을 가질 수 없다. 현대의 삶은 너무나 많이 발전해 왔으며 너무나 복잡해졌다. 그래서 가장 평범한 사람조차도 충만한 삶에 근접하게 살아가기 위해서는 아주 많은 부(富)를 필요로 한다.

사람은 누구나 될 수 있는 것은 무엇이든 되고 싶어 하는 자연스러운 욕구를 갖고 있다. 잠재적인 가능성을 실현하고 싶은 이런 욕구는 선천적으로 인간의 본성에 내재하고 있다. 즉, 될 수 있는 것이 무엇이든 그것을 이루고 싶은 것을 우리는 어쩔 수 없다. 인생에서 성공하는 것은 원하는 것이 되는 것이며, 그렇게 되는 것은 오로지 사물들을 사용함으로써만 가능하다. 그리고 당신은 그 사물들을 살 수 있을 만큼 충분히 부자가 되어야만 자유롭게 그 사물들을 사용할 수 있다. 그러므로 부자가 되는 과학을 이해하는 것은 모든 지식 중에서도 가장 필수적인 것이다.

부자가 되고 싶어 하는 것은 전혀 잘못된 것이 아니다. 부자가 되고 싶은 갈망은 사실은 좀 더 풍성하고, 풍요롭고, 충만한 삶을 누리고 싶은 욕망이다. 그리고 그 갈망은 칭찬할 만한 것이다. 오히려 더욱 풍요롭게 살고 싶다는 욕구를 느끼지 못하는 사람이 비정상이다. 원하는 모든 것을 살 수 있을 만큼 충분히 많은 돈을 갖고 싶어 하지 않는 사람이 비정상인 것이다.

우리는 세 가지 동기를 위해서 살아간다. 우리는 육체와 정신과 영혼, 그 세 가지를 위해서 산다. 그 세 가지 중에서 어떤 것이 다른 것보다 더 낫거나 숭고하지 않다. 그 세 가지 동기는 똑같이 바람직한 것이며 육체와 정신과 영혼, 그 세 가지 중에서 어느 하나라도 도외시된다면 다른 것들도 충만하게 발현되지 못한다. 영혼만을 위해 살면서 육체와 정신을 부인하는 것은 옳지도 않고 고귀하지도 않다. 그리고 정신만을 위해 살면서 육체와 영혼을 부인하는 것 역시 옳지 않다.

우리는 정신과 영혼을 도외시하며 육체를 위해 사는 것이 얼마나 끔찍한 결과를 초래하는지에 대해 잘 알고 있다. 진정으로 '삶다운 삶'이라는 것은 육체와 정신과 영혼이 줄 수 있는 것들이 모두 어우러져 완벽하게 발현되는 것임을 우리는 알고 있다. 사람은 어느 누구도 육체가 충분히 그 기능을 다하지 못하면 진실로 만족하거나 행복할 수 없다. 또한 그의 정신이나 영혼이 기능을 다하지 못할 때도 그것은 마찬가지다. 한 개인이 갖고 있는 가능성이 발현되지 않거나, 기능이 수행되지 않는 곳에는 충족되지 않은 욕구가 존재한다. 욕구는 개인 안에 내재하는 가능성이 표현을 추구하는 것이며, 기능이 수행되는 것을 추구하는 것이기 때문이다.

사람은 좋은 음식, 편안한 옷, 따뜻한 집이 없이는 충만한 삶을 살 수 없다. 또한 과도한 일로부터 자유롭지 않을 때 역시 충만한 삶을 살 수 없다. 그래서 육체적인 삶을 영위함에 있어서 휴식과 여가는 반드시 필요한 것이다.

책을 읽지 않거나, 책을 읽고 연구할 시간이 없거나, 여행이나 명상할 기회가 없거나, 혹은 다른 사람과의 지적 교류가 없는 사람은 정신적으로 충만한 삶을 영위할 수 없다.

정신적으로 충만한 삶을 살기 위해서 사람은 지적 여가 활동을 해야 한다. 그리고 예술 작품 등의 심미적인 사물들을 늘 가까이에 두고 접하며 감상하고 이용할 수 있어야 한다.

또한 영적으로 충만한 삶을 영위하기 위해서 사람은 사랑을 해야 한다. 그런데 가난하면 사랑을 표현할 기회를 거부당한다.

사람은 사랑하는 사람들에게 혜택이나 이익을 베풀어 주는 데서 최고의 행복을 얻는다. 사랑은 주는 행위를 통해서 가장 자연스럽고 자발적으로 표현되기 때문이다. 그러므로 남에게 줄 수 있는 것이 아무 것도 없는 사람은 남편이나 아버지, 시민, 그리고 사람으로서 할 도리를 다 할 수 없다.

한 개인이 육체적으로 충만한 삶을 영위하고, 정신을 계발하고, 영혼의 욕구를 충족시킬 수 있는 길은 물질을 사용하는 데 있다. 그러므로 사람은 부유해야 한다. 사람에게 가장 중요한 것은 그것이다.

당신이 부유해지고 싶은 갈망을 갖는 것은 당연하다. 정상적인 사람이라면 그런 갈망을 갖지 않을 수가 없다. 그리고 당신이 부자가 되는 과학에 가장 관심을 갖는 것도 당연하다. 왜냐하면 그 과학은 모든 학문 중에서도 가장 고상하고 필수적인 것이기 때문이다. 부자가 되는 과학을 등한시한다면 당신 자신과 신과 인류에 대한 직무를 유기하는 것이다. 당신 자신을 최대한으로 실현하는 것보다 신과 인류에게 더 큰 봉사는 없기 때문이다.

부자가 되는 과학 keyword

1 모든 사람은 삶을 풍요롭고, 아름답고, 우아하고, 힘 있는 것으로 만드는 일에 사용할 수 있는 모든 것을 갖고 있어야 한다. 그보다 적은 것에 만족하는 것은 죄악이다.

2 부자가 되고 싶어 하는 것은 전혀 잘못된 것이 아니다. 부자가 되고 싶은 갈망은 실은 좀 더 풍성하고, 풍요롭고, 충만한 삶을 누리고 싶은 욕망이다. 그리고 그 갈망은 칭찬할 만한 것이다. 오히려 더욱 풍요롭게 살고 싶다는 욕구를 느끼지 못하는 사람이 비정상이다.

3 우리는 세 가지 동기를 위해서 살아간다. 우리는 육체와 정신과 영혼, 그 세 가지를 위해서 산다. 그 세 가지 중에서 어떤 것이 다른 것보다 더 낫거나 숭고하지는 않다. 그 세 가지 동기는 똑같이 바람직한 것이며 육체와 정신과 영혼, 그 세 가지 중에서 어느 하나라도 도외시된다면 다른 것들도 충만하게 발현되지 못한다.

4 한 개인이 육체적으로 충만한 삶을 영위하고, 정신을 계발하고, 영혼의 욕구를 충족시킬 수 있는 길은 물질을 사용하는 데 있다. 그러므로 사람은 부유해야 한다. 사람에게 가장 중요한 것은 그것이다.

제2장

부자가 되는 과학은 따로 있다

부를 획득하는 과정을 지배하는 특정한 법칙이 존재하며, 이 법칙을 배우고 그것을 철저하게 따르는 사람은 누구나 확실하게 부자가 될 것이다.

절대법칙 02

부자가 되는 과학은 따로 있다

부자가 되는 과학은 실제로 존재한다. 그것은 대수나 연산처럼 정확한 과학이다. 부를 획득하는 과정을 지배하는 특정한 법칙은 존재하며, 이 법칙을 배우고 그것을 철저하게 따르는 사람은 분명히 누구나 부자가 될 것이다.

특정한 방식으로 일을 하면 그 결과로 돈과 자산을 소유하게 된다. 이 특정한 방식에 따라 일을 하는 사람은 의도적이든 우연이든 부자가 된다. 그러나 이 특정한 방식에 따라 일을 하지 않는 사람은 아무리 열심히 일을 하고, 또 아무리 능력이 있다 해도 가난을 벗어나지 못한다.

유사한 원인은 언제나 유사한 결과를 낳는다는 것이 자연의 법칙이다. 그러므로 이 특정한 방식에 따라서 일하는 방법을 배운 사람은 누구나 예외 없이 부자가 될 것이다.

이 말이 참이라는 것은 다음과 같은 사실로 증명이 된다.

부자가 되는 것은 환경의 문제가 아니다. 그것이 환경의 문제였다면 특정한 지역에 거주하는 사람은 누구나 부자가 될 것이다. 한 도시에 사는 사람은 누구나 예외 없이 부자가 될 것이며, 다른 도시에 사는 사람은 모두 가난해질 것이다. 또한 한 주에 거주하는 주민들이 돈더미에서 구르는 동안 그 이웃 주에 거주하는 주민들은 가난 속에 있을 것이다.

하지만 어디를 가나 똑같은 환경 속에서도 가난한 사람이 있으면 부유한 사람도 있고, 똑같은 직종에 종사하는 경우도 종종 볼 수 있다. 두 사람이 같은 지역에 거주하고 같은 직종에 종사하는데 한 사람은 부유해지는 반면 다른 한 사람은 가난한 것은, 부자가 되는 것이 일차적으로 환경의 문제가 아니라는 점을 보여준다. 물론 어떤 환경은 다른 환경보다 더 유리할 수도 있다. 그러나 같은 직업을 갖고 있는 두 사람이 같은 지역에 거주하는데 한 사람은 부자가 되고 다른 한 사람은 실패를 하는 것을 보면 부자가 되는 것이 특정한 방식으로 일을 하는 결과라는 사실을 알 수 있다.

더 나아가 이 특정한 방식으로 일을 하는 능력은 재능을 갖고 있느냐 아니냐에 달려있는 것이 아니다. 재능이 별로 없는 사람들이 부자가 되는 반면, 뛰어난 재능을 갖고 있으면서도 가난을 벗어나지 못하는 사람들도 많기 때문이다.

부자가 된 사람들을 관찰해 보면 그들이 모든 면에서 평범하며, 다른 사람보다 더 뛰어난 능력이나 재능을 갖고 있지 않다는 것을 알게 된다. 그들이 부자가 되는 것은 다른 사람들이 갖고 있지 않은 능력과 재능을 갖고 있기 때문이 아니라 특정한 방식으로 일을 하기 때문이라는 것은 분명한 사실이다.

부자가 되는 것은 근검절약이나 저축의 결과가 아니다. 몹시 인색하고 아끼는 사람들 중에서 가난한 사람이 많은 반면, 자유롭게 돈을 쓰는 사람들이 부자가 되는 경우도 종종 있다.

또한 부자가 되는 것은 다른 사람들이 실패하는 일을 해내기 때문도 아니다. 똑같은 직종에 종사하는 두 사람은 거의 똑같은 일을 하는데, 한 사람은 가난하게 살거나 심지어 파

산하는 반면, 또 다른 사람은 부자가 되기 때문이다.

이런 모든 것을 살펴보고 나면 부자가 되는 것은 특정한 방식에 따라 일을 한 결과라는 필연적인 결론에 도달하게 된다.

만약 부자가 되는 것이 특정한 방식을 따르는 결과이며 원인은 언제나 그와 유사한 결과를 낳는다면, 그런 방식으로 일을 하는 사람은 누구나 부유해질 수 있으며 부자가 되는 문제는 정확한 과학의 영역에 해당하게 된다.

여기에서 이 특정한 방식이라는 것이 혹시 너무나 어려워서 극소수의 사람들만이 따라할 수 있는 것은 아닌가 하는 의문이 발생한다. 그러나 우리가 이제까지 살펴본 것처럼 타고난 능력을 기준으로 한다면 그것은 사실이 아니다. 재능 있는 사람이 부자가 되기도 하지만 머리가 아둔한 사람도 부자가 되기 때문이다. 지적으로 뛰어난 사람들이 부자가 되기도 하지만 무척 어리석은 사람도 부자가 되기 때문이다. 육체적으로 강한 사람이 부자가 되기도 하지만 병약한 사람도 부자가 되기 때문이다.

물론 어느 정도의 사고력과 이해력은 반드시 필요하다. 그러나 타고난 능력을 기준으로 본다면, 이 책에 있는 글을 읽고 이해할 수 있을 정도의 지적인 능력만 있다면 누구나 분명히 부자가 될 것이다.

또한 부자가 되는 것은 환경의 문제가 아님을 우리는 이미 보았다. 물론 사는 지역이 어느 정도 영향을 미치기는 한다. 사하라 사막 한 가운데서 성공적으로 사업을 일구기는 쉽지 않기 때문이다. 그러나 부자가 되는 것은 반드시 사람을 다뤄야 하는 것과, 다루어야 하는 사람들이 있는 곳에 가 있어야 하는 것과 관련이 있는 문제다. 만약 이런 사람들이 당신이 거래하고 싶은 방식으로 거래하는 성향이 있다면 정말 다행이다. 그러나 환경이 영향을 미치는 것은 그 정도에 그치고 만다.

만약 당신이 사는 도시의 어떤 사람이 부자가 될 수 있다면 당신 역시 부자가 될 수 있다. 그리고 당신이 사는 주에 있는 어떤 사람이 부자가 될 수 있다면 당신 역시 부자가 될 수 있다.

다시 한 번 말하지만 부자가 되는 것은 특정한 사업이나 직종과 관련된 문제가 아니다. 어떤 사업이나 직종에서도 부자가 되는 사람이 있는 반면, 똑같은 직종에 종사하는 바로 이웃집 사람은 계속 가난하게 살아가기도 하기 때문이다.

자신이 좋아하는 일이나 적성에 잘 맞는 일을 할 때 최고의 역량을 발휘할 수 있는 것이 사실이다. 그리고 계발이 잘된 특별한 재능을 갖고 있다면 그런 재능을 요구하는 사업 영역에서 최고의 역량을 발휘할 수 있을 것이다.

또한 당신이 사는 지역의 특성에 부합하는 사업을 하면 최대의 성과를 올릴 수 있을 것이다. 예를 들어 아이스크림 장사는 그린랜드보다는 기후가 따뜻한 지역에서 더 잘 될 것이다. 또한 연어잡이는 연어가 아예 없는 플로리다보다는 북서쪽 지역에서 훨씬 더 큰 성공을 거둘 것이다.

그러나 이런 일반적인 제약을 제외하고 볼 때 부자가 되는 것은 당신이 특정한 사업을 하고 있느냐에 달려 있는 것이 아니라 특정한 방식으로 일하는 것을 배웠느냐 아니냐에 달려 있다. 당신은 지금 사업을 하고 있다. 그런데 당신은 부자가 되지 못하고 있는데 같은 지역에 있는 다른 사람은 같은 사업을 해서 부자가 되고 있다. 그렇다면 그 이유는 당신이 그 다른 사람이 하고 있는 방식과 똑같이 사업을 하지 않고 있기 때문이다.

자본이 부족해서 부자가 되지 못하는 사람은 없다. 물론 자본이 있으면 더욱 쉽고 빠르게 돈을 불릴 수 있다. 그러나 자본을 갖고 있는 사람은 이미 부유하며 부자가 되는 방법에 대해서 깊이 생각할 필요가 없다. 아무리 가난하다 해도 특정한 방식으로 일을 하기 시작하면 당신은 부자가 되기 시작할 것이다. 그리고 당신도 자본을 갖기 시작할 것이다.

자본을 구하는 것은 부자가 되는 과정의 일부분이다. 그것은 특정한 방식으로 일을 함에 따라 필연적으로 얻어지는 결과의 일부분이다.

당신은 이 지구상에서 가장 가난한 사람일 수도 있고, 엄청나게 많은 빚을 안고 있을 수도 있다. 당신에게는 친구도, 영향력도, 자원도 없을 수도 있다. 그러나 만약 이 방식으로 일을 하기 시작한다면 당신은 분명히 부자가 되기 시작할 것이다. 원인은 그와 유사한 결과를 낳기 때문이다. 만약 당신에게 자본이 없다면 자본을 구할 수 있을 것이다. 좋지 않은 사업을 하고 있다면 좋은 사업으로 옮겨갈 수 있을 것이다.

지역이 좋지 않다면 좋은 지역으로 옮겨갈 수 있을 것이다. 현재 당신이 종사하고 있는 업종과 현재 살고 있는 지역에서도 성공을 불러오는 특정한 방식으로 일을 한다면 얼마든지 그렇게 될 수 있다.

부자가 되는 과학 keyword

1 부를 획득하는 과정을 지배하는 특정한 법칙이 존재하며, 이 법칙을 배우고 그것을 철저하게 따르는 사람은 누구나 확실하게 부자가 될 것이다.

2 만약 부자가 되는 것이 특정한 방식을 따르는 결과이며, 원인은 언제나 그와 유사한 결과를 낳는다면, 그런 방식으로 일을 하는 사람은 누구나 부유해질 수 있으며 부자가 되는 문제는 정확한 과학의 영역에 속한다.

3 당신은 지금 사업을 하고 있다. 그런데 당신은 부자가 되지 못하고 있는데 같은 지역에 있는 다른 사람은 같은 사업을 해서 부자가 되고 있다. 그렇다면 그 이유는 당신이 그 다른 사람이 하고 있는 방식과 똑같은 방식으로 사업을 하지 않고 있기 때문이다.

4 부자가 된 사람들을 연구해 보면 그들이 모든 면에서 평범하며, 다른 사람보다 더 뛰어난 능력이나 재능을 갖고 있지는 않다는 것을 알게 된다. 그들이 부자가 되는 것은 다른 사람들이 갖고 있지 않은 능력과 재능을 갖고 있기 때문이 아니라 특정한 방식으로 일을 하기 때문이라는 것은 분명한 사실이다.

5 아무리 가난하다 해도 특정한 방식으로 일을 하기 시작하면 당신은 부자가 되기 시작할 것이다. 그리고 당신도 자본을 갖기 시작할 것이다.

제3장

기회는 독점하는 것이 아니다

무형의 재화, 혹은 근원 물질은 무제한으로 공급된다. 그 근원 물질로 우주는 만들어진다. 근원 물질은 눈에 보이는 우주의 형체 내부와 그 사이의 공간으로 파고들어 채우고 있다. 이 근원 물질은 무형의 재화이자 모든 사물의 원재료이다.

절대법칙

03 기회는 독점하는 것이 아니다

잘 살 수 있는 기회를 박탈당해서 계속 가난하게 사는 사람은 없다. 다른 사람들이 부를 독점하고 그 주위에 울타리를 쳐 놓았기 때문에 계속 가난하게 사는 사람은 없다. 특정한 사업 분야에 뛰어들 기회가 없을 수는 있지만 그럴 때에는 언제나 다른 길이 열려 있는 법이다.

철도 산업은 소수의 기업들이 독점하고 있기 때문에 그 분야에서 성공하기는 아마 힘들 것이다. 그러나 전동 철도 사업은 아직도 태동기이며 창업을 할 수 있는 기회가 많이 남아 있다. 또한 앞으로 몇 년 만 있으면 항공 운송 및 여행 사업은 거대한 산업이 될 것이며 거기에서 파생된 수많은 사업 분야를 통해 수십만, 아니 수백만 명의 사람들에게 고용의 기회가 생겨날 것이다. 그렇다면 증기 철도 사업 분야에서 J.J. 힐과 같은 거물들과 경쟁하는 대신 항공 운송 사업으로 눈을 돌려보는 것은 어떤가?

만약 당신이 철강 산업에서 노동자로 일하고 있다면 지금 일하는 공장의 주인이 될 가능성이 희박한 것은 사실이다. 그러나 만약 당신이 특정한 방식으로 행동하기 시작한다면 곧 철강 산업을 떠나서 10에이커에서 40에이커 정도 되는 규모의 농장을 사서 농산품 생산자로서 사업에 뛰어들 수 있을 것이다. 이 시대는 작은 규모의 대지를 사서 집약적으로 경작을 하는 사람들에게 엄청난 기회가 주어지는 때이며 그런 사람은 분명히 부자가 될 것이다. 당신은 대지를 구입하는 것 자체가 불가능하다고 말할 수도 있다. 그러나 그것이 절대로 불가능하지 않으며 특정한 방식으로 일을 한다면 분명히 농장도 구입할 수 있다는 것을 나는 이제부터 증명해 보이려고 한다.

기회는 시대의 흐름을 탄다. 시대마다 기회의 흐름은 사회 전반의 필요와 그 사회가 도달해 있는 발전 단계에 따라서 방향을 달리 한다. 현재 미국에서 기회의 조류는 농업과 그 관련 사업과 직종을 향해 흐르고 있다.

오늘날 기회의 문은 공장 라인에서 일하는 근로자들 앞에 열려 있다. 공장 근로자들에게 자원을 공급하는 사업가들보다는 농부들에게 자원을 공급하는 사업가들 앞에 열려 있다. 또한 근로자 계급에게 서비스를 제공하는 전문직 종사자보다는 농부들에게 서비스를 제공하는 전문직 종사자들 앞에 열려 있다.

이러한 시대의 흐름에 역행하려는 사람보다는 그 흐름을 따라가려는 사람들에게 엄청난 기회가 주어진다. 그래서 공장 근로자들은 개인으로나 집단으로나 기회를 박탈당하고 있는 것이 아니다. 근로자들은 그 공장주들에 의해서 억압당하고 있는 것이 아니다. 기업과 연합 자본에 의해서 착취당하고 있는 것이 아니다. 근로자 계급은 특정한 방식으로 일을 하지 않기 때문에 현재의 상태에 처해 있는 것이다. 만약 미국 공장 근로자들이 특정한 방식을 따라 일하겠다고 마음먹는다면, 벨기에를 비롯한 여러 나라 공장 근로자들의 선례를 따라서 거대한 백화점과 협동조합을 설립할 수 있을 것이다. 그들의 계급에 속한 사람을 선출하여 공직에 나아가게 해 주고 그런 협동조합 산업 발전에 유리하게 작용할 수 있는 법안을 통과시킬 수 있을 것이다. 그리고 몇 년 안에 산업계를 장악할 수 있을 것이다.

노동자 계급도 특정한 방식을 따라 일하기 시작하기만 하면 언제라도 지배 계급이 될 수 있다. 부의 법칙은 다른 사람들에게 적용되는 것과 똑같이 노동자 계급에게도 적용되기 때문이다. 이 사실을 노동자 계급은 배워야 한다. 기존 방식 그대로를 고수하는 한 그들은 지금 현재 상태에 그대로 머물러 있게 될 것이다. 그러나 노동자 계급이 무지하고 정신적으로 나태하다고 해서 노동자 개개인 역시 그것 때문에 제약을 받는 것은 아니다. 노동자 각 개인은 부를 얻을 수 있는 기회의 흐름을 따라갈 수 있다. 이 책은 그 방법을 가르쳐줄 것이다.

가난에서 헤어나지 못하는 것은 부가 충분히 공급되지 않아서가 아니다. 부는 모든 사람에게 돌아가고도 남을 만큼 충분하다.

미국 한 나라에서만 생산되는 건축 자재를 가지고도 워싱턴의 국회의사당만큼 큰 궁전을 지구상에 있는 각 가정을 위해서 세워줄 수 있다. 집약적인 경작 방식 하에서 이 나라는 온갖 영화를 누렸던 솔로몬의 호화로운 옷보다 훨씬 더 아름다운 옷으로 전 세계의 사람들이 다 입을 수 있을 만큼 많은 실크와 린넨과 면과 울을 생산할 수 있다. 또한 그들 모두가 아주 좋은 음식을 먹을 만큼 많은 식품을 생산할 수 있다.

눈에 보이는 물질의 공급량은 실제로 무한대이다. 그리고 눈에 보이지 않는 물질의 공급량 역시 무한대이기 때문에 절대로 고갈되지 않을 것이다.

지구상에 존재하는 모든 가시적인 것은 하나의 근원 물질에서 만들어진다. 지구상에 존재하는 모든 사물은 그것에서 파생된 것이다.

새로운 형체들이 끊임없이 만들어지고 있으며 이전의 형체들은 사라져가고 있다. 그러나 모든 것은 하나의 절대적인 근원 물질에 의해 형성된다.

무형의 재화, 혹은 근원 물질은 무제한으로 공급된다. 그 근원 물질로 우주는 만들어진다. 그러나 그 근원 물질은 우주를 만드는 데 전부 다 사용되지는 않았다. 근원 물질은 눈에 보이는 우주의 형체 내부와 그 사이의 공간으로 파고들어 채우고 있다. 이 근원 물질은 무형의 재화이자 모든 사물의 원재료이다. 이 근원 물질로부터 수많은 형체들이 아직도 더 만들어질 수 있다. 그러고 난 후에도 우주의 원재료가 되는 이 물질의 공급량은 고갈되지 않을 것이다.

그러므로 자연이 가난하거나, 모두에게 돌아갈 만큼 충분한 재화가 없어서 가난한 사람이 있는 것이 아니다.

자연은 절대로 고갈되지 않는 부의 저장 창고다. 부의 공급은 절대로 소진되는 법이 없다. 근원 물질은 창조적인 에너지로 넘치고 있으며 끊임없이 더욱 많은 형체를 생산해내고 있다. 공급된 건축 자재가 다 소진되면 더욱 많은 건축 자재가 생산될 것이다. 토양이 고갈되어 음식물과 의복 재료가 더 이상 그 토양에서 자라날 수 없게 되면 토양은 재생이 되거나 혹은 더욱 많은 토양이 만들어질 것이다. 땅 속에 묻혀 있는 은과 금이 모두 다 채굴되었는데 사회가 여전히 은과 금을 필요로 하는 발전 단계에 와 있다면, 더욱 많은 은과 금이 무형의 근원 물질로부터 생산될 것이다. 무형의 근원 물질은 사람의 필요에 반응하며 사람으로 하여금 유익한 사물없이 부족하게 지내도록 내버려두지 않을 것이다.

이 사실은 모든 사람들에게 해당되는 진리이다. 전체로서의 인류는 항상 아주 풍요롭다. 그런데 만약 개인이 가난하다면, 그것은 그 사람이 개인을 부자로 만들어주는 특정한 방식을 따라 일하지 않기 때문이다.

무형의 근원 물질은 지적인 것이다. 그것은 생각하는 물질이다. 그것은 살아 있으며 항상 더 충만한 삶을 추구한다.

더욱 더 충만한 삶을 살고자 하는 것은 모든 생명이 자연스럽게 타고난 본능이다. 스스로를 확장시키려는 것은 지성의 본질이다. 그 영역을 확장시키고 좀 더 충만하게 스스로를 표현하려 하는 것은 인간 의식의 본성이다. 무형의 살아있는 근원 물질은 자신을 좀 더 충만하게 표현하기 위해서 유형의 형체 속으로 스며들어왔다. 그러므로 형체로 이루어진 우주는 무형의 살아있는 근원 물질에 의해서 만들어진 것이다.

우주는 살아 움직이는 거대한 존재이며 더욱 충만한 삶을 누리고 그 기능을 더 완전하게 수행하는 방향으로 항상 움직인다.

자연은 삶의 발전을 위해서 형성되므로 자연을 움직이게 하는 동기는 삶의 향상이다. 이런 이유 때문에 삶을 충만하게 하는 데 도움이 될 수 있는 모든 것은 풍부하게 제공된다. 신이 스스로의 의지와 반대로 자신의 창조물을 무가치하게 만들려는 의도가 없는 이상, 모든 재화는 부족함 없이 공급된다.

당신이 지금 가난하다면 그것은 공급되는 부의 양이 부족해서가 아니다. 나는 이제부터 무형의 근원 물질이 공급하는 자원조차도 특정한 방식으로 행동하고 사고하는 사람들의 지배 하에 있다는 사실을 보여주고자 한다.

부자가 되는 과학 keyword

1 노동자 계급도 특정한 방식을 따라 일하기 시작하기만 하면 언제라도 지배 계급이 될 수 있다. 부의 법칙은 다른 사람들에게 적용되는 것과 똑같이 노동자 계급에게도 적용되기 때문이다.

2 지구상에 존재하는 모든 가시적인 것은 하나의 근원 물질에서 만들어진다. 지구상에 존재하는 모든 사물은 그것에서 파생된 것이다.

3 무형의 재화, 혹은 근원 물질은 무제한으로 공급된다. 그 근원 물질로 우주는 만들어진다. 근원 물질은 눈에 보이는 우주의 형체 내부와 그 사이의 공간으로 파고들어 채우고 있다. 이 근원 물질은 무형의 재화이자 모든 사물의 원재료이다.

4 무형의 근원 물질은 지적인 것이다. 그것은 생각하는 물질이다. 그것은 살아 있으며 항상 더 충만한 삶을 추구한다.

제4장

부자가 되는 과학의 첫 번째 원칙

원하는 방식으로 일을 하기 위해서는 당신은 생각하고 싶은 대로 생각할 수 있는 능력을 습득해야 한다. 그것이 부자가 되는 첫 번째 단계이다.

절대법칙

04 부자가 되는 과학의 첫 번째 원칙

생각은 무형의 근원 물질로부터 유형의 부를 생산해낼 수 있는 유일한 능력이다. 모든 사물이 만들어지는 근원이 되는 근원 물질은 생각하는 물질이며, 이 물질 안에 담겨 있는 형체에 대한 생각이 그 형체를 생산해낸다.

근원 물질은 그 생각에 따라 움직인다. 자연 속에서 보이는 모든 형체와 과정은 근원 물질 속에 있는 생각이 가시적으로 표현된 것이다. 무형의 근원 물질이 어떤 형체에 대해 생각하게 되면 그 형체를 취하게 된다. 무형의 근원 물질이 어떤 움직임을 생각하게 되면 그 움직임을 만들어내게 된다. 모든 사물이 창조된 방법이 바로 그것이다.

우리는 근원 물질이 생각으로 만들어낸 세계 속에서

살고 있으며, 그 세계는 역시 생각으로 만들어진 우주의 일부분이다. 먼저 움직이는 우주에 대한 생각이 무형의 근원 물질 속으로 전달되었다. 그리고 그 안의 생각하는 물질이 태양계라는 형체를 취했으며, 그 형체를 유지하고 있다. 생각하는 근원 물질은 자신의 생각 속에 있는 형체를 취하고 자신의 생각에 따라서 움직이는 것이다.

회전 운동을 하는 태양계라는 아이디어를 생각해낸 근원 물질은 태양계의 형체를 만들어내고, 그 생각에 따라서 태양계를 움직인다. 참나무의 예를 들어 보자. 천천히 자라나는 참나무의 형체를 생각해 낸 근원 물질은 그 생각에 따라 움직이며, 수백 년의 세월에 걸쳐서라도 결국 나무를 만들어낸다. 무형의 근원 물질은 창조를 할 때 우선 행동의 노선을 정해 놓고 그에 따라 움직이는 것으로 보인다. 그러므로 참나무에 대한 생각을 한다고 해서 근원 물질이 즉각적으로 다 자란 커다란 나무를 형성해내는 것은 아니다. 근원 물질은 자신이 이미 설정해 놓은 참나무의 성장 과정을 따라 그 나무를 생산해낼 힘을 움직이기 시작한다.

생각하는 근원 물질이 어떤 형체에 대해서 생각할 때마다 그 생각은 형체가 창조되는 원인이 된다. 그리고 그 형체는 항상, 혹은 대개의 경우 근원 물질이 미리 설정해 놓은 성장과 행동의 노선을 따라서 창조된다.

앞서 참나무의 경우와 마찬가지로 어떤 집이 건축되는 생각을 했을 때, 무형의 물질에게 그 생각이 전달된다고 해서 곧바로 그 집이 건축되는 것은 아니다. 그러나 그로 인해 여러 상업 분야에서 이미 작용하고 있는 창조적인 에너지가 그 경로로 흘러가게 유발됨으로써 그 집이 빠르게 건축되는 결과를 낳게 되는 것이다. 만약 창조적인 에너지가 흘러갈 수 있는 기존의 경로가 없다면, 집은 유기물과 무기물로 이루어진 세상에서 일어나는 더딘 과정을 밟지 않고 가장 원시적인 물질로부터 직접 만들어질 것이다.

형체에 대한 생각이 근원 물질에게 전달되어 각인되면 그 형체는 반드시 창조되게 되어 있다.

사람은 생각하는 존재이며 완전히 새로운 생각을 할 수 있다. 사람이 손으로 만들어내는 모든 형체는 먼저 그의 생각 속에 존재해야 한다. 사람은 하나의 사물을 생각해내고 나서야 비로소 그 사물을 만들어낼 수 있는 것이다.

그런데 지금까지 사람은 손을 이용해서 하는 일에만 모든 노력을 국한시켜왔다. 즉, 이미 존재하는 형체들을 변화시키거나 수정하고자 하면서 유형의 물질세계에 수작업이라는 노동을 적용해 왔다. 그러나 떠오르는 생각을 무형의 근원 물질에게 각인시킴으로써 새로운 형체의 창조를 시작해야겠다는 생각은 해 보지 못했던 것이다.

사람이 생각 속에서 어떤 형체를 떠올리면 자연으로부터 재료를 취해서 자신의 마음속에 있는 이미지대로 그 형체를 만들어간다. 그런데 지금까지 사람은 무형의 지성과 협동하려는, 즉 "신"과 함께 일하려는 노력을 거의 기울이지 않았다. 사람은 '신이 하는 것을 보기는 하지만 자신도 그것을 할 수 있다'는 것은 꿈도 꿔보지 않았다. 사람은 수작업을 통해서 이미 존재하는 형체의 모양을 바꾸거나 새로운 형체로 만든다. 그것은 사람이 자신의 생각을 무형의 근원 물질에게 전달함으로써 그 물질로부터 사물을 만들어낼 수 있지 않을까 하는 문제에는 전혀 관심을 기울이지 않았기 때문이다. 그런데 우리는 사람이 그렇게 할 수 있다는 것을 증명해 보이고자 한다. 어느 누구나 그렇게 할 수 있다는 것을 증명해 보이고 그 방법을 보여주고자 한다. 그 첫 번째 단계로서 우리는 세 가지 기본적인 명제를 제시해야 한다.

첫째 명제는, 하나의 근원적인 무형의 재화 혹은 근원 물질이 있으며 그 물질로부터 모든 사물들이 만들어진다는 것이다. 외형상으로 달라 보이는 많은 원소들은 모두 한 원소가 다르게 구현된 것이다. 유기물질과 무기물질 속에서 발견되는 많은 형체들은 모두가 같은 물질에서 만들어진 다른 형체에 불과한 것이다. 이 근원적인 물질은 생각하는 물질이다. 그 물질은 생각을 하며, 또한 생각한 형체대로 사물을 생산해낸다. 생각하는 물질 속에 있는 생각이 형태를 만들어내는 것이다. 사람은 독창적인 생각을 할 줄 아는, 생각하는 존재이다. 사람이 생각하는 근원 물질에게 그의 생각을 전달할 수 있다면 그는 생각 속에 갖고 있던 사물이 창조되거나 형성되도록 유발할 수 있다. 이것을 요약하면 다음과 같다:

모든 사물의 근원이 되는, 생각하는 근원 물질이 존재한다. 이 물질은 원형의 상태에서 우주의 모든 공간으로 파고들어 침투하여 그 공간을 채운다.

이 근원 물질 속에 있는 생각은 그것이 떠올리는 이미지를 가진 사물을 만들어낸다.

사람은 사물들의 형체를 생각해낼 수 있으며 그 생각

을 무형의 근원 물질에게 각인시킴으로써 그가 생각하는 사물이 창조되도록 유발할 수 있다.

혹 이런 명제를 증명할 수 있느냐는 질문을 할지도 모른다. 그렇다면 세세하게 설명하지 않고도 경험과 논리에 의해서 그렇게 할 수 있다고 나는 대답할 것이다.

형체와 생각에서부터 출발해서 거꾸로 논리적으로 따져 올라가면, 하나의 근원적인 생각하는 물질에 도달하게 된다. 또한 이 생각하는 근원 물질로부터 논리적으로 따져 내려가면, 생각 속에 갖고 있던 사물이 형성되도록 유발할 수 있는 사람의 능력에 도달하게 된다. 그리고 경험에 의해서 이 논리가 참이라는 것을 알게 된다. 이것이 나의 가장 강력한 증거이다.

만약 이 책을 읽는 사람 중 한 명이 이 책에서 하라는 대로 해서 부자가 된다면 그것은 나의 주장을 뒷받침해 주는 증거가 된다. 그리고 이 책이 하라는 대로 하는 모든 사람이 다 부자가 된다면, 똑같은 과정을 거쳐서 실패하는 사람이 나타날 때까지는 그것은 내 주장을 확실하게 참이라고 증명해 준다.

이론은 과정이 실패할 때까지는 참이다. 그런데 이 과정은 실패하지 않을 것이다. 이 책이 하라는 대로 그대로 따라하는 사람은 누구나 부자가 될 것이기 때문이다.

특정한 방식으로 일을 함으로써 부자가 될 수 있다고 나는 이미 말한 바 있다. 그런데 특정한 방식으로 일을 하기 위해서는 사람들은 특정한 방식으로 생각할 수 있어야 한다. 사람이 일을 하는 방식은 그가 사물에 대해서 생각하는 방식과 직결되기 때문이다.

원하는 방식으로 일을 하기 위해서는 당신은 생각하고 싶은 대로 생각할 수 있는 능력을 습득해야 할 것이다. 그것이 부자가 되는 첫 번째 단계이다.

생각하고 싶은 대로 생각하는 것은 눈에 보이는 외형과 상관없이, 진리를 생각하는 것이다.

모든 사람은 생각하고 싶은 대로 생각할 수 있는 자연스러운 능력을 타고난다. 그러나 외형을 보았을 때 떠오르는 생각을 하는 것보다 생각하고 싶은 대로, 즉 진리를 생각하기 위해서는 훨씬 더 큰 노력을 기울여야 한다. 눈에 보이는 외형에 따라 생각하는 것은 쉽다. 반면 외형과 상관없이 진리를 생각하는 것은 무척 힘겨운 작업이며, 사람이 수행해야 하는 다른 어떤 작업보다도 훨씬 더 큰 능력을 요하는 일이다.

대부분의 사람들은 일관적으로 생각을 꾸준히 유지해야 하는 일을 가장 회피한다. 그것은 세상에서 가장 어려운 일이기 때문이다. 이런 회피 현상은 진리가 외형과 정반대일 때 특히 더욱 두드러진다. 세상에서 모든 외형은 그것을 관찰하는 사람의 정신과 일치하는 형체를 생산해내려 하며, 그런 경향은 진리를 계속 생각함으로써만 막을 수 있다.

만약 질병은 단지 외형에 불과한 것이며 현실은 건강하다는 진리를 계속 생각 속에 갖고 있지 않으면, 질병이라는 외형을 바라보는 행위는 당신의 정신 속에 질병의 형체를 만들어낼 것이며 궁극적으로 당신의 육체에 질병을 만들어낼 것이다.

가난을 예로 들어보자. 만약 가난이란 없으며 단지 풍요로움과 부만이 있다는 진리를 생각 속에 계속 품고 있지 않으면, 가난이란 외형을 바라볼 때 당신의 정신 속에도 그에 해당하는 형체가 만들어질 것이다.

질병이라는 외형에 둘러싸여 있을 때 건강을 생각하라. 가난이라는 외형 한가운데에 있을 때 부를 생각하라.

그렇게 하려면 능력이 요구된다. 그러나 이런 능력을 습득하는 사람은 주도적인 정신을 가진 사람이 된다. 그런 사람은 운명을 정복할 수 있으며 원하는 것을 소유할 수 있다.

이런 능력은 모든 외형의 뒷면에 숨겨져 있는 기본적인 사실을 놓치지 않고 생각 속에 계속 품고 있을 때에만 얻어질 수 있다. 즉, 모든 사물의 유래가 되고 모든 사물을 창조하는, 생각하는 근원 물질이 있다는 사실을 놓치지 말아야 한다.

그런 다음 우리는 이 물질 속에 담겨 있는 모든 생각은 형체가 된다는 진리와, 사람은 이 근원 물질에게 그의 생각을 각인시킴으로써 그 생각들이 가시적인 형체를 가진 사물이 되도록 유발할 수 있다는 진리를 이해해야 한다. 이 진리를 깨달을 때 우리는 모든 의혹과 두려움을 떨쳐버리게 된다. 우리가 창조하고 싶은 것을 창조할 수 있으며, 갖고 싶은 것을 소유할 수 있으며, 되고 싶은 존재가 될 수 있다는 사실을 알게 되기 때문이다.

부자가 되는 첫 번째 단계로서 당신은 이 장에서 앞서 언급했던 세 가지 기본적인 명제를 반드시 믿어야 한다. 그 명제들을 강조하기 위해 여기에서 다시 그것들을 반복하기로 한다.

첫째, 모든 사물들의 근원이 되는, 생각하는 근원 물질이 존재한다. 이 물질은 원형의 상태에서 우주의 모든 공간으로 파고들어 침투하여 그 공간을 채운다.

둘째, 이 근원 물질 속에 있는 생각은 그것이 떠올리는 이미지를 가진 사물을 만들어낸다.

셋째, 사람은 사물들의 형체를 생각해낼 수 있으며, 그 생각을 무형의 근원 물질에게 각인시킴으로써 그가 생각하는 사물이 창조되도록 유발할 수 있다.

이 일원론적 사고 이외에 우주에 대한 다른 개념들은 모두 버려야 한다. 그리고 이 사고가 당신의 정신 속에 확고하게 뿌리내리고 일상적인 사고로 자리 잡을 때까지는 그 사고에 대해서만 생각해야 한다. 내가 제시한 세 가지 명제들을 반복해서 읽어라. 기억 속에 단어 하나까지 다 새겨라. 그리고 그 명제들을 확고하게 믿게 될 때까지 깊이 묵상하라. 만약 의혹이 인다면 그것을 죄악으로 간주하고 밀어내라. 이 개념에 반대하는 주장에 귀를 기울이지 마라. 이와 상반되는 개념을 가르치거나 설교하는 교회나 강연에 참석하지 마라. 다른 사고를 가르치는 책이나 잡지를 읽지 마라. 만약 신념이 흔들린다면 당신의 모든 노력은 헛된 것이 될 것이다. 왜 이런 개념들이 진리인지 묻지 마라. 어떻게 그것들이 진리가 될 수 있는지 생각하지 마라. 단순히 그것들을 받아들이고 신뢰하라. 부자가 되는 과학은 이 신념을 절대적으로 받아들이는 것에서부터 시작된다.

부자가 되는 과학 keyword

1 우리는 근원 물질이 생각으로 만들어낸 세계 속에서 살고 있으며, 그 세계는 역시 생각으로 만들어진 우주의 일부분이다.

2 부자가 되기 위해 기본적으로 믿어야 하는 명제

첫째, 모든 사물들의 근원이 되는, 생각하는 근원 물질이 존재한다. 이 물질은 원형의 상태에서 우주의 모든 공간으로 파고들어 침투하여 그 공간을 채운다.

둘째, 이 근원 물질 속에 있는 생각은 그것이 떠올리는 이미지를 가진 사물을 만들어낸다.

셋째, 사람은 사물의 형체를 생각해낼 수 있으며, 그 생각을 무형의 근원 물질에게 각인시킴으로써 그가 생각하는 사물이 창조되도록 유발할 수 있다.

3 원하는 방식으로 일을 하기 위해서는 당신은 생각하고 싶은 대로 생각할 수 있는 능력을 습득해야 한다. 그것이 부자가 되는 첫 번째 단계이다.

제5장

생명의 연장

당신은 경쟁자가 되어서는 안 된다. 창조자가 되어야 한다. 당신은 창조를 통해 원하는 것을 가지게 될 것이며, 그럴 때 다른 사람 역시 지금 소유하고 있는 것보다 더 많은 것을 소유하게 될 것이다.

절대법칙 05

생명의 연장

당신의 가난이 신의 뜻이며, 당신이 계속 가난해야 신의 의도대로 되는 것이라는 고리타분한 생각을 깨끗이 버려야 한다.

지적인 근원 물질은 만물이며, 만물 안에 존재하고, 만물 안에 살고, 당신 안에 살고 있다. 이 지적인 근원 물질은 의식이 살아 있는 물질이다. 그렇기 때문에 그 물질은 모든 살아 있는 지적인 존재가 타고 나는, 생명을 연장시키고자 하는 갈망을 갖고 있다. 생명체는 살아가는 단순한 행위 속에서 스스로를 진화시켜야 하기 때문에 살아 있는 것은 모두가 끊임없이 그 생명이 확장되는 것을 추구해야 한다.

땅에 떨어진 씨앗은 움트고 활동을 시작한다. 그리고 살아가는 행위 속에서 수많은 다른 씨앗을 생산해낸다. 살아 있음으로써 생명은 스스로 번식한다. 생명은 영원히 점점 더 개체수가 늘어난다. 생명이 계속 존재하려면 그렇게 해야 한다.

지성 역시 지속적으로 증가해야 한다. 한 가지 생각을 할 때마다 우리는 반드시 또 다른 생각을 할 필요가 생긴다. 의식은 끊임없이 확장되고 있는 것이다. 또한 한 가지 사실을 배울 때마다 우리는 또 다른 사실을 배우게 된다. 지식은 끊임없이 증가하고 있는 것이다. 한 가지 재능을 계발할 때마다 우리의 내면에는 또 다른 재능을 계발하고자 하는 갈망이 일어난다. 우리는 자기표현을 추구하는 생명의 갈망 아래 놓여 있기 때문이다. 그 갈망에 의해서 우리는 더 많은 것을 알고, 더 많은 것을 하고, 더 많은 것이 되고 싶어진다.

더 많은 것을 알고, 더 많은 것을 하고, 더 많은 것이 되기 위해서 우리는 더 많이 소유해야 한다. 배우고, 일을 하고, 뭔가가 되기 위해서는 사물을 사용해야 하기 때문에 우리는 사물을 소유해야 하는 것이다. 즉, 우리는 부자가 되어야 더 충만한 삶을 살 수 있는 것이다.

부유해지고자 하는 욕망은 더 큰 삶을 살 수 있는 가능성

실현을 추구하는 것이다. 모든 욕망은 아직 표출되지 않은 가능성을 실현하고자 하는 노력인 것이다. 능력이 자기 자신을 실현시키고자 할 때 욕망이 일어난다. 더 많은 돈을 갖고 싶은 욕망은 식물이 자라나고자 하는 욕망과 같다. 생명이 더욱 충만하게 자신을 드러내기를 추구하는 것이 욕망인 것이다.

살아있는 유일한 근원 물질 역시 모든 생명체 안에 내재하는 이런 법칙에 종속되어 있다. 더욱 충만한 삶을 살고자 하는 욕망이 이 근원 물질 속으로 침투해 들어가 있기 때문이다. 근원 물질이 사물을 창조하고자 하는 필요성을 갖게 되는 것은 그 때문이다.

유일한 근원 물질은 당신 안에서 더 충만한 삶을 살기를 갈구한다. 그래서 그것은 당신이 사용할 수 있는 사물은 무엇이든 소유하게 되기를 원한다. 당신이 부자가 되어야 한다는 것은 신의 바람이다. 신은 당신이 부자가 되기를 원한다. 왜냐하면 당신이 사물을 많이 소유함으로써 그 사물을 사용해서 신을 더욱 잘 드러내준다면, 신은 당신을 통해서 자신을 더 잘 표현할 수 있기 때문이다. 당신이 생활 수단을 무제한으로 맘껏 사용할 수 있다면 신은 당신 안에서 더 풍요로운 삶을 영위할 수 있다.

우주는 당신이 소유하고 싶어 하는 모든 것을 갖기를 바란다.

자연은 당신의 계획에 부응하기를 원한다.

모든 것은 본래 당신을 위해 존재한다.

이것이 사실이라고 굳게 믿어라.

그러나 당신이 반드시 알아야 하는 것이 있다. 당신의 목적은 만물 안에 깃들어 있는 목적과 조화를 이루어야 한다는 점이다.

당신은 감각을 만족시키는 단순한 쾌락이 아니라 삶다운 삶을 원해야 한다. 삶은 기능을 수행하는 것이다. 사람은 육체적인, 정신적인, 그리고 영적인 기능을 모두 다 수행할 수 있는 능력을 갖고 있다. 그리고 그 기능을 어느 한쪽에 치우침 없이 골고루 수행할 때에만 진정한 삶을 산다고 할 수 있다.

당신은 동물적인 욕망을 충족시키며 돼지처럼 살기 위해서 부자가 되기를 원하지는 않을 것이다. 그것은 삶이 아니다. 그러나 육체적인 모든 기능을 수행하는 것 역시 삶의 일부분이다. 따라서 육체적인 욕구가 정상적으로 건강하게 표출되는 것을 억제하는 사람은 어느 누구도 완전한 삶을 살지 못한다.

또한 당신은 정신적인 쾌락을 즐기고, 지식을 얻고, 야망을 이루고, 다른 사람들보다 돋보이고, 유명해지려는 목적만을 위해서 부자가 되기를 원하지는 않는다. 물론 이런 모든 것은 삶의 합당한 부분들이다. 그러나 지적인 즐거움만을 위해 사는 사람은 단지 부분만이 충족된 삶을 사는 것이며, 절대로 자신의 운명에 만족하지 못할 것이다.

또한 당신은 인류의 구원을 위해서 자신을 희생하거나, 자선 사업과 희생의 기쁨을 경험하거나, 다른 사람들의 유익을 구하기 위한 목적만으로 부자가 되기를 원하지는 않을 것이다. 영적인 기쁨 역시 삶의 일부분에 불과하며 삶의 다른 부분들에 비해서 결코 더 우월하거나 고귀하지 않기 때문이다.

당신은 먹고, 마시고, 즐겨야 하는 시간에 그렇게 하기 위해서 부자가 되기를 원한다. 아름다운 물건을 소유하고, 먼 곳에 있는 다른 나라를 보기 위해 여행을 하고, 지적인 욕구를 충족시키고, 지성을 계발하기 위해서 부자가 되기를 원한다. 사람을 사랑하고, 선한 일을 하고, 진리를 발견하려는 세상을 돕는 데 일조할 수 있기 위해서 부자가 되기를 원한다. 그러나 극단적인 이타주의가 극단적인 이기주의보다 더 우월하거나 고귀하지 않다는 사실을 명심하라. 양 극단 모두가 잘못된 것이다.

신은 당신이 타인을 위해서 희생하기를 원한다는 사고를 버려라. 그렇게 할 때 신의 인정을 받을 수 있다는 사고를 버려라. 신은 결코 그런 것을 요구하지 않는다.

신이 원하는 것은 당신이 자신과 타인을 위해서 당신 자신을 최대한 계발하는 것이다. 당신이 다른 어떤 방법보다 당신 자신을 최대한 계발함으로써 타인들을 더 잘 도와줄 수 있기를 신은 원한다.

당신 자신을 최대한 계발할 수 있는 방법은 부자가 되는 길밖에 없다. 그러므로 당신이 부를 획득하는 일을 최우선에 놓는 것은 칭찬할 만한 일이며 옳은 일이다.

그러나 근원 물질의 욕망은 만인을 위한 것이며, 그 물질의 움직임은 모든 사람이 더욱 충만한 삶을 살도록 하기 위해 움직여야 한다는 점을 반드시 기억하라. 어떤 사람의 삶이라도 덜 충만하게 되어서는 안 된다. 왜냐하면 풍요로운 삶을 추구하는 근원 물질은 모든 만물 속에 동등하게 존재하기 때문이다.

지적인 근원 물질은 당신을 위해 사물을 만들어낸다. 그러나 다른 누군가에서 그 사물을 빼앗아다가 당신에게 주지는 않을 것이다.

당신은 경쟁심을 제거해야 한다. 당신은 창조하기 위해 존재하는 것이지, 이미 창조된 것을 두고 경쟁하기 위해 존재하는 것이 아니다.

당신은 다른 사람에게서 어떤 것도 빼앗을 필요가 없다.

당신은 인정사정없이 거래할 필요가 없다.

당신은 남을 속이거나 이용할 필요가 없다.

당신은 당신을 위해서 일하는 사람에게 그 일에 대한 응분의 보상을 해 주어야 한다.

당신은 다른 사람의 재산을 탐내거나 눈독을 들일 필요가 없다. 다른 사람이 갖고 있는 것을 빼앗지 않아도 얼마든지 당신도 그와 유사한 것을 가질 수 있기 때문이다.

당신은 경쟁자가 되어서는 안 된다. 창조자가 되어야 한다. 당신은 창조를 통해 원하는 것을 가지게 될 것이며, 그럴 때 다른 사람 역시 지금 소유하고 있는 것보다 더 많은 것을 소유하게 될 것이다.

물론 나는 방금 위에서 언급한 것과 정 반대의 방식으로 일함으로써 엄청난 돈을 벌어들인 사람들이 있다는 사실을 알고 있으며, 그에 대해서 잠깐 설명을 덧붙이기로 한다.

엄청난 부자가 된 재벌들은 때로 경쟁적인 면에서 남들보다 탁월한 능력을 가졌기 때문에 부자가 된다. 그러나 때로 그들은 자신도 모르는 사이에 근원 물질이 갖고 있는 산업 발전을 통한 인류 전반의 발전이라는 목적과 움직임에 부합해서 부자가 되기도 한다.

록펠러(미국의 실업가. 미국 내 정유소의 95%를 소유했던 석유 재벌), 카네기(미국의 철강 재벌) 등의 사람들은 전반적인 생산 산업의 체계를 마련하고 그 조직을 구축하는 필수적인 작업을 위해 자신들도 알지 못하는 사이에 신의 매개체로서 일해 왔다. 그리고 궁극적으로 그들의 업적은 모든 사람들의 삶을 향상시키는 데 엄청나게 기여할 것이다. 그러나 그들의 시대는 거의 끝나가고 있다. 그들은 생산 구조의 기반을 마련했으며 곧 분배 구조의 기반을 구축할 대중의 매개체들이 그들의 자리를 차지하게 될 것이다.

이들 재벌들은 선사 시대의 거대한 공룡과 유사하다. 그들은 진화의 과정에서 필수적인 역할을 한다. 그러나 그들을 만들어냈던 똑같은 힘에 의해서 그들은 제거될 것이다. 그런데 사실 그들은 결코 진정한 부자가 된 적이 없었다는 점을 반드시 명심해야 할 것이다. 이 정도 부유층의 사생활을 기록한 것을 보면 그들은 사실 가난한 자 중에서도 가장 비참하고 불쌍한 사람들이었음을 알 수 있기 때문이다.

경쟁을 통해서 얻어진 부는 절대로 만족스럽지 않고 영원하지 않다. 그런 부는 오늘은 당신의 것일지 모르지만 내일이면 다른 사람의 소유가 되어 있을지도 모르는 일이다.

반드시 명심하라. 과학적인 특정한 방식으로 부자가 되려고 한다면, 당신은 반드시 경쟁적인 사고방식에서 완전히 벗어나야 한다. 재화의 공급량이 제한되어 있다는 생각을 한순간도 해서는 안 된다. 소수의 사람들이 세상의 모든 돈을 독점하고 은행가를 비롯한 타인들이 통제하며, 당신은 그런 과정을 막기 위해서 법안을 통과시키려는 노력을 기울여야 한다는 생각을 하기 시작하는 순간, 당신은 경쟁적인 사고방식으로 빠져들게 되는 것이다. 그리고 창조를 유발하는 당신의 능력은 당분간 사라지고 만다. 더 나아가 당신은 이미 당신의 내면에 계발시켜 놓은 창조적인 능력을 옴짝달싹 못하게 묶어놓게 될 것이다.

지구상에는 그 가치를 셈할 수조차 없을 만큼 많은 양의 금이 묻혀 있으며 아직 세상의 빛을 보지 못했다는 사실을 주지하라. 만약 그렇지 않다 해도 당신의 필요를 채워주기 위해서 생각하는 근원 물질로부터 더 많은 금이 창조될 것이라는 사실을 주지하라.

당신이 필요로 하는 돈은 반드시 당신에게 생길 것임을 주지하라. 만약 그렇게 되기 위해 내일 천 명의 사람을 동원해서 새로운 금광을 발견해야 한다 해도 그것은 이루어질 것이다.

눈에 보이는 재화의 공급량을 절대로 보지 마라. 항상 형체가 없는 근원 물질 안에 있는 무제한의 부를 보아라. 또한 무제한의 부는 당신이 그것을 받아서 사용하는 속도만큼이나 빠르게 당신에게 올 것이라는 사실을 주지하라. 어느 누구도 눈에 보이는 재화를 독점함으로써 응당 당신의 몫이 되어야 할 것을 당신이 소유하지 못하도록 막을 수는 없다.

그러므로 서두르지 않으면 당신이 집을 지을 준비를 채 마치기도 전에 다른 누군가가 집을 짓기에 가장 좋은 택지를 다 차지할 것이라는 생각 따위는 단 한 순간도 하지 마라. 대기업과 독점 기업들이 조만간 온 지구를 다 차지하게 될 것이라는 두려움 때문에 걱정하지 마라. 다른 누군가에게 패배해서 당신이 원하는 것을 잃을지도 모른다는 두려움은 갖지 마라. 그런 일은 절대로 일어날 수 없다. 당신은 다른 사람이 소유하고 있는 것을 원하는 것이 아니기 때문이다. 당신은 원하는 것을 무형의 근원 물질에서 창조되도록 하고 있는 것이며 공급되는 재화의 양은 무제한이기 때문이다. 내가 제시한 다음의 명제들을 꼭 마음에 새겨라.

모든 사물들의 근원이 되는, 생각하는 근원 물질이 존재한다. 이 물질은 원형의 상태에서 우주의 모든 공간으로 파고들어 침투하여 그 공간을 채운다.

이 근원 물질 속에 있는 생각은 그것이 떠올리는 이

미지를 가진 사물을 만들어낸다.

사람은 사물들의 형체를 생각해낼 수 있으며 그 생각을 무형의 근원 물질에게 각인시킴으로써 그가 생각하는 사물이 창조되도록 유발할 수 있다.

부자가 되는 과학 keyword

1 신은 당신이 부자가 되기를 원한다. 왜냐하면 당신이 사물을 많이 소유함으로써 그 사물을 사용해서 신을 더욱 잘 드러내준다면, 신은 당신을 통해서 자신을 더 잘 표현할 수 있기 때문이다.

2 당신은 경쟁자가 되어서는 안 된다. 창조자가 되어야 한다. 당신은 창조를 통해 원하는 것을 가지게 될 것이며, 그럴 때 다른 사람 역시 지금 소유하고 있는 것보다 더 많은 것을 소유하게 될 것이다.

3 과학적인 특정한 방식으로 부자가 되려고 한다면 당신은 반드시 경쟁적인 사고방식에서 완전히 벗어나야 한다.

4 신이 원하는 것은 당신이 자신과 타인을 위해서 당신 자신을 최대한 계발하는 것이다. 당신이 다른 어떤 방법보다 당신 자신을 최대한 계발함으로써 타인들을 더 잘 도와줄 수 있기를 신은 원한다.

5 당신 자신을 최대한 계발할 수 있는 방법은 부자가 되는 길밖에 없다. 그러므로 당신이 부를 획득하는 일을 최우선에 놓는 것은 칭찬할 만한 일이며 옳은 일이다.

제6장

부가 저절로 찾아오게 하는 방법

근원 물질은 당신이 내재한 가능성을 모두 발휘하며 살기를 바란다. 그리고 당신이 가장 풍성한 삶을 살기 위해 사용할 수 있고 또 사용하게 될 모든 것을 갖기를 원한다.

절대법칙 06

부가 저절로 찾아오게 하는 방법

인정사정없이 거래해서는 안 된다는 말은 전혀 거래를 하지 말라는 뜻이 아니다. 또한 다른 사람들과 거래를 할 필요가 없다는 뜻도 아니다. 그 말은 다른 사람들과 불공정하게 거래를 할 필요가 없다는 뜻이다. 값을 치루지 않고 받아서는 안 되며, 누군가에게서 무언가를 받으면 반드시 그 사람에게 받은 것 이상을 줄 수 있어야 한다는 뜻이다.

거래를 할 때 누군가에게서 물건을 받고 시장에서 통용되는 그 물건의 현금 가치 이상을 줄 수 없다. 그러나 어떤 물건에 대해서 받는 현금 가치보다 더 큰 효용 가치를 그에게 줄 수 있다. 예를 들어 이 책을 만드는 데 사용된 종이와 잉크 등 재료들은 이 책에 대해서 지불하는 가격만한 가치가 없을 지도 모른다. 그러나 이 책에 담겨 있는 생각과 사고가 당신에게 수천 달러를 벌게 해 주었다면 이 책을 판 사람은 당신에게 부당한 짓을 한 것이 아니다. 그 사람은 당신이 지불한 적은 양의 현금 가치에 비해 상당히 큰 효용 가치를 준 것이기 때문이다.

내가 아주 위대한 화가의 그림을 소장하고 있으며 문명사회에서 그 그림은 상당히 큰 가치를 지니고 있다고 가정해 보자. 그리고 내가 영업적 능력을 발휘하여 에스키모 인에게 그 그림을 팔고 500 달러의 가치가 있는 모피를 받았다고 하자. 그렇다면 나는 그 에스키모 인을 상대로 매우 부당한 짓을 한 것이 된다. 그 그림은 에스키모 인에게는 아무 쓸모가 없기 때문이다. 그 그림은 그에게 아무런 효용 가치가 없으며 그의 삶을 조금도 향상시켜 줄 수 없는 것이다. 그러나 내가 그 에스키모 인에게서 모피를 받고 50달러짜리 총을 주었다고 가정해 보자. 이 경우에 그 에스키모 인은 아주 거래를 잘 한 것이다. 그 에스키모 인에게 총은 쓸모가 있기 때문이다. 그 총은 그 에스키모 인에게 더욱 많은 모피와 음식을 가져다 줄 것이다. 그리고 모든 면에서 그의 삶을 더욱 풍요롭게 해 주며 그를 부유하게 해줄 것이다.

경쟁적인 차원에서 한 단계 올라가 창조적인 차원에 이르게 되면 자신이 사업상 맺는 거래들을 아주 엄격한 잣대로 바라볼 수 있게 된다. 그리고 만약 당신이 어떤 사람에게 그의 삶을 좀 더 풍요롭게 해 주지 못할 물건을 팔고 그 대가로 다른 물건을 받았다면, 얼마든지 그런 거래를 그만둘 수 있는 여유가 생긴다. 당신은 사업을 하면서 어느 누구도 이겨야할 필요가 없기 때문이다. 만약 다른 사람을 이겨야 하는 사업을 하고 있다면 당장 그 사업을 그만 두라.

모든 사람에게 그에게서 받는 현금 가치보다 더 큰 효용 가치를 주라. 그렇게 되면 매번 거래를 할 때마다 당신은 이 세상의 삶을 증진시키는 데 무언가 일조를 하는 것이다.

고용한 직원이 있다면 그들에게 지급하는 급여의 현금 가치보다 더 큰 효용 가치를 그들로부터 얻어내야 한다. 단, 당신의 기업 구조를 발전의 원리를 바탕으로 구축함으로써 발전을 소망하는 직원들은 모두가 매일 조금씩 발전해 나갈 수 있도록 해야 한다.

당신이 이 책에서 얻는 것을 직원들이 당신의 기업에서 얻을 수 있게 해줄 수 있다. 당신의 기업이 일종의 사다리가 되어, 열심히 노력하고자 하는 직원은 그 사다리를 타고 올라가 부를 이룰 수 있도록 운영할 수 있는 것이다. 그런 기회가 주어졌는데도 그 기회를 잡지 못하는 직원이 있다면 그것은 당신의 잘못이 아니다.

마지막으로, 당신이 환경 전체에 파고 들어와 있는 무형의 근원 물질로부터 부를 창조시켜야 한다고 해서, 그 부가 허공에서 그냥 형체를 이루고 당신의 눈앞에 나타난다는 뜻은 아니다.

예를 들어 당신이 재봉틀을 원한다고 해 보자. 그럴 때 지금 당신이 앉아 있는 방이나 다른 장소에, 아무도 전혀 손을 대지도 않았는데 재봉틀이 뚝 떨어질 때까지 생각하는 근원 물질에게 재봉틀에 대한 생각을 계속 전달하라는 말이 아니다. 그렇게 하는 대신 재봉틀을 정말 원한다면 그 재봉틀의 이미지를 머리 속에 담고, 그것이 만들어지고 있는 중이거나 혹은 그것이 당신에게 오고 있는 중이라는 강한 확신을 가져라. 일단 그런 생각을 머리 속에 담고 나면 그 재봉틀이 당신에게 오고 있다는 사실에 대해 의문을 품지 말고 절대적인 믿음을 가져라. 그것이 확실하게 당신에게 올 것이라는 사실 이외에 다른 어떤 것도 생각하지도 말고 말하지도 마라. 그것이 이미 당신의 것이라고 주장하라.

그 재봉틀은 사람들의 정신에 작용하는 절대적 지성의 힘에 의해 당신에게 올 것이다. 만약 당신이 메인 주에 살고 있다면 누군가가 텍사스나 일본으로부터 거래를 맺기 위해 그곳으로 올 지도 모르며, 그렇게 됨으로써 당신은 원하는 것을 손에 넣을 수 있게 될 것이다. 또한 그렇게 된다면 그 일 전체로 인해 당신에게 유익이 되는 것만큼이나 그 사람에게도 유익이 될 것이다.

생각하는 근원 물질이 세상 만물 안에 파고 들어와 있으면서 만물과 의사소통을 하고 영향력을 미칠 수 있다는 사실을 한 순간도 잊지 마라. 좀 더 충만하고 좀 더 나은 삶을 원하는 생각하는 근원 물질의 갈망은 이제까지 기존의 재봉틀들이 창조될 수 있도록 해 왔다. 그리고 그 물질은 더 많은 재봉틀이 수없이 창조되게 할 수 있으며 사람들이 갈망하고, 가질 수 있다는 믿음을 갖고 특정한 방식으로 행동함으로써 생각하는 근원 물질을 작동시킬 때면 언제나 그렇게 할 것이다.

당신은 분명 재봉틀을 가질 수 있다. 재봉틀뿐만 아니라 당신이 원하며, 당신의 삶과 다른 이들의 삶을 향상시키기 위해 사용할 수 있는 물건은 어떤 것이라도 분명히 가질 수 있다. 더 많이 구하기를 주저할 필요는 없다. "너희에게 왕국을 주는 것이 아버지의 기쁨이 되느니라."라고 예수는 말했다.

근원 물질은 당신이 내재한 가능성을 모두 발휘하며 살기를 바란다. 그리고 당신이 가장 풍성한 삶을 살기 위해 사용할 수 있고 또 사용하게 될 모든 것을 갖기를 원한다.

부를 얻고자 하는 당신의 갈망이 더욱 완벽하게 자신이 표현되기를 원하는 전능한 존재의 갈망과 일치한다는 사실을 확고하게 인식하고 있다면 어떤 것도 당신의 그 믿음을 무너뜨릴 수 없다.

언젠가 나는 한 어린 소년이 피아노 앞에 앉아서 피아노 건반으로 아름다운 선율을 만들어 내려고 애를 썼지만 성공하지 못하는 모습을 보았다. 그 소년은 자신이 피아노로 음악을 연주하지 못한다는 사실에 몹시 슬퍼하며 화를 내고 있었다. 나는 소년에게 화가 난 이유를 물었다. 그러자 그 소년은 대답했다.

"저는 제 안에서 음악을 느낄 수 있어요. 그런데 손이 제대로 움직여주질 않아요."

소년 안에 있는 음악은 모든 생명의 가능성 전체를 담고 있는 근원 물질의 갈망이자 충동이었다. 음악적인 모든 것은 그 소년을 통해서 표현되기를 원하고 있었던 것이다.

절대적인 물질인 신은 인류를 통해서 살고, 일하고, 즐기려고 한다. 신은 이렇게 말한다.

"나는 인간의 손이 멋진 건물을 세우고, 천상의 선율을 연주하고, 훌륭한 그림을 그리기를 원한다. 나는 인간의 발이 내 심부름을 하기 위해 달려가기를 원한다. 인간의 눈이 나의 아름다움을 보기를 원한다. 인간의 입이 위대한 진리를 말하고 장엄한 노래를 부르기를 원한다."

가능성이 있는 모든 것은 사람을 통해서 표현되기를 원하고 있다. 신은 음악을 연주할 수 있는 사람들이 피아노와 악기를 소유하고 그들이 지닌 재능을 최고의 수준으로 끌어올려줄 수단을 갖기를 원한다. 아름다운 것을 감상하고 느낄 줄 아는 사람들이 아름다운 사물로 둘러싸여 있기를 원한다. 진리를 분별할 줄 아는 사람들이 여행을 하고 관찰할 수 있는 기회를 전부 가지게 되기를 원한다. 옷의 아름다움을 소중히 여기고 느낄 줄 아는 사람들이 아름다운 옷을 입기를 원한다. 맛있는 음식을 즐길 줄 아는 사람들이 가장 좋은 음식을 먹기를 원한다.

신이 그런 모든 것을 원하는 이유는 신 자신이 그 모든 것을 즐기고, 감상하고, 소중히 여기기 때문이다. 다름 아닌 신이 음악을 연주하고, 노래 부르고, 아름다움을 감상하고, 진리를 선포하고, 아름다운 옷을 입고, 좋은 음식을 먹기를 원하는 것이다.

"내 안에서 일하시는 이는 하나님이시니 그 분은 뜻하신 것을 이루신다."라고 바울은 말했다.

부에 대한 당신의 갈망은 이 무한한 존재인 신이 피아노 앞에 앉아 있는 어린 소년 속에서 자신을 표현하고 싶어 했던 것처럼 당신 안에서 자신을 표현하고 싶어 하는 것이다.

그러므로 많이 구하는 것은 전혀 이상할 것이 없다. 당신이 할 일은 신에게 당신의 갈망을 집중하고 표현하는 것뿐이다.

그런데 대부분의 사람들은 이 점을 받아들이기 힘들어한

다. 사람들은 가난과 희생이야말로 신을 기쁘게 하는 것이라는 케케묵은 생각을 갖고 있다. 그들은 가난을 자연의 필수적인 것이며 신의 뜻이라고 여긴다. 그들은 신이 할 일을 다 마쳤으며 만들 수 있는 것은 모두 다 만들었다고 생각한다. 그래서 모두에게 골고루 돌아갈 만큼 충분한 재화가 없기 때문에 대다수의 사람들은 가난하게 살아야 한다고 생각한다. 그들은 이처럼 그릇된 사고방식에 얽매여 있기 때문에 부를 원하는 것을 수치스럽게 여긴다. 그래서 그들은 적당히 편안하게 생활할 수 있는 수준 이상의 부를 원하지 않으려고 애를 쓴다.

이제 나는 한 학생의 경우를 예로 들어 보려고 한다. 그 학생은 창조적인 생각이 무형의 근원 물질에게 각인될 수 있도록 그가 원하는 사물들의 그림을 선명하게 마음속에 담고 있어야 한다는 말을 들었다.

그 학생은 아주 가난했다. 남의 집에서 월세를 내고 살아가고 있었으며 그날 벌어 그날 먹고 사는 형편이었다. 그렇기 때문에 모든 부가 그의 것이라는 사실을 좀처럼 이해할 수가 없었다. 그래서 그 문제에 대해서 곰곰이 생각해 보고 난 후 그가 사는 집의 방바닥에 깔 새로운 양탄자와 추운 겨울 동안 집 안을 따뜻하게 덥혀 줄 연탄난로를 구하는 것 정도는 합당할 수도 있다는 결론을 내렸다. 이 책에서 제시한 지침을 따른 그 학생은 몇 달 후에 그 물건들을 갖게 되었다. 그러자 그 학생은 애초부터 너무 조금 구했다는 사실을 깨닫게 되었다. 그는 살고 있는 집을 샅샅이 살펴보고 나서 필요한 부분들을 모두 개조할 계획을 세웠다. 여기에는 창문을 하나 새로 내고, 저기에는 방을 새로 하나 만드는 식으로 마음속으로 이상적인 집을 완성했다. 그런 다음 집안에 가구들을 들여놓는 계획을 세웠다.

마음속에서 집 전체의 그림을 완성하고 난 후에 그 학생은 특정한 방식으로 살아가기 시작했다. 그리고 원하는 것들을 얻기 위해 노력했다. 이제 그는 어엿한 집주인이 되었으며 마음속에 갖고 있던 이미지대로 그 집을 개조하고 있다.

그리고 이제 더욱 굳건한 신념을 갖고 그는 더 크고 위대한 것들을 얻기 위해서 나아가고 있다. 그가 가진 신념대로 모든 것이 이루어진 것이다. 이와 같이 당신이나 우리 모두에게도 신념이 있다면 그대로 이루어진다.

부자가 되는 과학 keyword

1 모든 사람에게 그에게서 받는 현금 가치보다 더 큰 효용 가치를 주어라. 그렇게 되면 매번 거래를 할 때마다 당신은 이 세상의 삶을 향상시키는 데 무언가 일조를 하는 것이다.

4 당신이 이 책에서 얻는 것을 직원들이 당신의 기업에서 얻을 수 있게 해줄 수 있다. 당신의 기업이 일종의 사다리가 되어 열심히 노력하고자 하는 직원은 그 사다리를 타고 올라가 부를 이룰 수 있도록 운영할 수 있는 것이다. 그런 기회가 주어졌는데도 그 기회를 잡지 못하는 직원이 있다면 그것은 당신의 잘못이 아니다.

3 근원 물질은 당신이 내재한 가능성을 모두 발휘하며 살기를 바란다. 그리고 당신이 가장 풍성한 삶을 살기 위해 사용할 수 있고 또 사용하게 될 모든 것을 갖기를 원한다.

제7장

감사의 법칙

신념은 감사하는 마음에서 생겨난다. 감사하는 마음은 끊임없이 좋은 것들을 기대하며 이러한 기대는 신념이 된다. 감사하는 마음은 스스로에 대한 반작용으로 신념을 만들어낸다. 그리고 외부로 감사를 표출하면 신념은 더 커진다.

절대법칙

07 감사의 법칙

앞 장에서 제시한 예를 통해서 당신은 부자가 되기 위한 첫 번째 단계는 무형의 근원 물질에게 원하는 바를 전달하는 것이라는 사실을 알게 되었을 것이다.

그것은 사실이다. 그리고 그렇게 하기 위해서는 무형의 지성과 조화로운 관계를 맺는 것이 필요하다는 사실을 알게 될 것이다.

무형의 지성과 조화로운 관계를 확고히 하는 것은 몹시 중요한 문제이기 때문에, 나는 이 장에서 몇 가지 지침을 제시할 것이다. 당신이 그 지침을 따른다면 신과 당신은 뜻과 마음에서 완벽한 일치를 이룰 수 있게 될 것이다.

정신적으로 신과 화합하고 합일을 이루는 전체적인 과정

은 한 단어로 집약될 수 있다. 그것은 바로 "감사"다.

첫째, 절대적인 지적 물질이 존재하며 그것으로부터 모든 사물이 파생된다는 사실을 믿어라.

둘째로, 이 물질이 당신에게 갈망하는 모든 것을 준다는 사실을 믿어라.

셋째, 마음 속 깊은 곳으로부터 감사함으로써 그 지적인 물질과 관계를 맺어라.

모든 면에서 올바르게 살아가는 사람들 중에 많은 이들이 감사하는 마음이 부족해서 가난에서 헤어나지 못한다. 그런 사람들은 신으로부터 하나의 선물을 받고도 그것을 인정하지 않음으로써 신과 연결되는 모든 유대의 고리를 끊어버린다.

우리가 부의 원천에 더 가까이 살면 살수록 더 많은 부를 얻게 될 것이라는 사실을 이해하기는 쉽다. 또한 신에 대해 감사하는 마음을 가져보지 못한 사람보다는 항상 감사하며 사는 사람이 신과 더욱 가깝게 교제하며 산다는 사실 역시 이해하기 쉽다.

좋은 것들이 우리에게 주어졌을 때 신이라는 존재에게 더욱 깊이 감사하면 할수록 우리는 좋은 것들을 더 많이, 더 빠르게 받게 될 것이다. 그 이유는 간단하다. 감사하는 태도를 갖고 있는 사람은 그 축복의 근원이 되는 존재와 더욱 더 가깝게 교제하게 되기 때문이다.

감사할 때 당신의 마음 전체가 우주의 창조적인 에너지와 더욱 가까운 화합의 관계를 맺게 된다는 사실을 이제까지 모르고 있었다면 그것에 대해 깊이 생각하라. 그러면 그것이 사실이라는 것을 알게 될 것이다. 당신이 이미 소유하고 있는 좋은 것들은 당신이 특정한 법칙을 철저히 따랐기 때문에 주어진 것이다. "감사"는 그런 좋은 것들이 오는 길로 당신을 이끌어갈 것이다. 그리고 늘 창조적인 생각과 조화를 이루게 해줄 것이며, 경쟁적인 생각에 빠져들지 않도록 막아줄 것이다.

감사하는 마음만 있어도 우주 만물인 절대자를 바라볼 수 있게 된다. 그리고 감사하는 마음은 재화의 공급량이 제한되어 있다는 사고의 오류에 빠져들지 않도록 막아줄 것이다. 그런 사고의 오류에 빠지게 되면 희망을 갖는 것이 불가능해질 수도 있다. 감사의 법칙은 존재한다. 그리고 원하는 결과를 얻고자 한다면 그 법칙을 절대적으로 준수해야 할 필요가 있다.

감사의 법칙은 작용과 반작용이 항상 동일한 힘을 갖고 있지만, 정반대의 방향으로 작용한다는 자연적인 원리이다.

당신이 마음을 열어 신에게 감사의 찬양을 할 때 당신 안에 갇혀 있던 기가 방출된다. 그 기운은 당신이 보내기로 목적한 대상에게 다가가는 데 실패할 수가 없다. 그리고 그에 대한 반작용으로 신은 당신을 향해 즉각적으로 움직인다. "신을 가까이 하라. 그리하면 신이 너를 가까이 하리라." 이것이 심리학적인 진리의 명제이다.

감사하는 마음이 지속적이고 강하다면 무형의 근원 물질의 반응 역시 강하고 지속적일 것이다. 당신이 원하는 사물들은 항상 당신을 향해 움직일 것이다. 예수가 얼마나 감사하는 태도를 갖고 있었던가를 보라. 예수는 항상 "하나님. 제 말에 귀를 기울여 주시는 아버지께 감사를 드립니다."라고 말했다. 당신은 감사하는 마음 없이는 힘을 발휘할 수 없다. 왜냐하면 당신이 절대자의 힘과 계속 연결될 수 있게 해 주는 것은 감사이기 때문이다.

그러나 감사의 가치는 미래에 당신에게 더욱 많은 축복을 가져다주는 데에만 있는 것은 아니다. 감사하는 마음이 없으면 오래지 않아 당신은 현재 상태에 대해서 갖는 불만족스러운 생각들이 떠오르는 것을 막을 수 없게 될 것이다.

현재 상황에 대해서 불만족을 느끼고 그것에 대해 생각하기 시작하는 순간, 당신은 지기 시작한다. 당신은 평범한 것, 흔한 것, 가난한 것, 더러운 것, 천한 것에 시선을 집중하기 시작한다. 곧 당신의 마음은 그런 것들의 형체를 띄기 시작한다. 그런 다음에 당신은 그 형체들과 마음속의 이미지를 무형의 근원 물질에게 전하게 되고 흔하고, 가난하고, 더럽고, 천한 것들이 당신에게 오게 될 것이다.

저급한 것들에 대해 생각하게 되면 당신은 저급한 사람이 되고 저급한 것들로 둘러싸이게 된다.

반면에 가장 최고의 것들에 관심을 두고 생각하게 되면 당신은 가장 좋은 것들에 둘러싸이게 될 것이며 최고가 될 것이다.

우리 안에 내재하는 창조적인 능력은 우리가 주의를 기울이는 이미지로 우리를 만들어간다.

우리는 생각하는 물질이며, 생각하는 물질은 항상 그것이 생각하는 것의 형체를 띤다.

감사하는 마음을 가진 사람은 끊임없이 최고의 것들에 생각을 집중한다. 그러므로 최상의 존재가 되는 경향이 있다. 즉, 그런 사람은 최고의 형체와 성품을 갖게 되며 가장 최고의 것을 받게 될 것이다.

또한 신념은 감사하는 마음에서 생겨난다. 감사하는 마음은 끊임없이 좋은 것들을 기대하며 이런 기대는 신념이 된다. 감사하는 마음은 스스로에 대한 반작용으로 신념을 만들어낸다. 그리고 외부로 감사를 표출하면 신념은 더 커진다. 감사할 줄 모르는 사람은 생생한 신념을 오래 지속하지 못한다. 그리고 다음 장에서 보게 되겠지만 생생한 신념이 없이는 창조적인 방법으로 부자가 될 수 없다.

그러므로 당신에게 주어지는 모든 좋은 것에 대해서 고맙게 여기고 항상 감사하는 습관을 길러야 한다.

존재하는 모든 것들은 당신의 발전에 기여하기 때문에 그 모든 것에 대해서 감사해야 한다.

재벌이나 독점기업들의 잘못이나 단점에 대해서 논하거나 생각하느라 시간을 낭비하지 마라. 재벌과 독점 기업들이 당신이 갖고 있는 기회를 만들어 주었다. 사실 그들 덕분에 당신은 지금 소유하고 있는 것들을 손에 넣게 되는 것이다.

부패한 정치가들에 대해서 분노하지 마라. 정치가들이 없다면 우리는 극심한 혼란에 빠져들게 될 것이며, 당신에게 주어지는 기회는 현저히 줄어들 것이기 때문이다.

경제적으로, 정치적으로 현재 상황에 이르기까지 신은 아주 오랜 시간 인내심을 갖고 일해 왔다. 그리고 신은 지금도 계속 일을 하고 있다. 정치가와 재벌과 독점 기업들과 산업계의 수장들이 없어도 되는 상황에 이르면 곧 바로 신이 그들을 제거해 버릴 것이라는 데는 조금의 의혹도 없다. 그러나 그 때까지는 그들도 매우 유익하다는 사실을 직시하라. 그들 모두가 당신의 부가 당신에게 전달되는 길을 마련하는데 일조하고 있다는 사실을 명심하고 그들 모두에게 감사하라. 그렇게 하면 당신은 모든 사물이 갖고 있는 유익한 면과 조화로운 관계를 맺게 될 것이며 그 유익은 당신을 향해 다가올 것이다.

부자가 되는 과학 keyword

1 부자가 되기 위한 첫 번째 단계는 무형의 근원 물질에게 원하는 바를 전달하는 것이다.

2 감사하라.

첫째, 절대적인 지적 물질이 존재하며 그것으로부터 모든 사물이 파생된다는 사실을 믿어라.
둘째로, 이 물질이 당신에게 갈망하는 모든 것을 준다는 사실을 믿어라.
셋째, 마음 속 깊은 곳으로부터 감사함으로써 그 지적인 물질과 관계를 맺어라.

3 감사할 때 당신의 마음 전체가 우주의 창조적인 에너지와 더욱 가까운 화합의 관계를 맺게 된다는 사실을 이제까지 모르고 있었다면 그것에 대해 깊이 생각하라. 그러면 그것이 사실이라는 것을 알게 될 것이다.

4 신념은 감사하는 마음에서 생겨난다. 감사하는 마음은 끊임없이 좋은 것들을 기대하며 이러한 기대는 신념이 된다. 감사하는 마음은 스스로에 대한 반작용으로 신념을 만들어낸다. 그리고 외부로 감사를 표출하면 신념은 더 커진다.

제8장

특정한 방식으로 생각하라

실제로 새 집이 생길 때까지 마음속으로는 이미 새 집에 살고 있다고 생각하라. 마음속으로는 원하는 것들을 맘껏 즐기기 시작하라.

절대법칙

08 특정한 방식으로 생각하라

제6장으로 돌아가서 원하는 집의 이미지를 마음속에 그렸던 남자 이야기를 다시 읽어 보라. 그러면 부자가 되는 첫 번째 단계에 대해서 상당히 이해가 깊어질 것이다. 당신은 원하는 것의 이미지를 마음속에 선명하고 명확하게 그려야 한다. 그런 선명하고 명확한 그림을 갖고 있지 않으면 그것에 대한 개념을 전달할 수 없기 때문이다.

이미지를 전달하기 위해서는 그 전에 먼저 그 이미지를 가지고 있어야 한다. 많은 사람들이 하고 싶은 것, 되고 싶은 것, 갖고 싶은 것에 대해 애매하고 흐릿한 개념만을 갖고 있기 때문에, 생각하는 근원 물질에게 그 개념을 강하게 심어

주는 데 실패하는 것이다.

선행을 하기 위해서 부유해지고 싶다는 막연한 갈망을 갖고 있는 것만으로는 충분하지 않다. 그런 갈망은 누구나 갖고 있기 때문이다.

여행하고, 구경하고, 더 풍요롭고 폭넓게 살고 싶은 갈망을 갖는 것만으로는 충분하지 않다. 그런 갈망 역시 모든 사람이 갖고 있기 때문이다. 만약 친구에게 무선으로 메시지를 전송하려면 당신은 무작정 알파벳을 순서대로 나열해 보내서 친구가 나름대로 그 메시지를 만들어내게 하지는 않는다. 사전에서 아무 단어나 무작위로 뽑아서 보내지도 않는다. 당신은 무언가 의미가 담긴 조리 있는 문장을 보낼 것이다. 근원물질에게 당신의 욕구를 강하게 심어주려고 할 때 역시 조리 있고 분명하게 표현해야 한다는 사실을 명심하라. 당신이 원하는 것이 무엇인지 알고 명확하게 표현해야 한다. 원하는 것이 애매하고 불분명하다면 당신은 결코 부자가 될 수 없고 창조적인 힘이 발휘되도록 할 수 없다.

6장에서 묘사했던 남자가 온 집안을 샅샅이 살펴보았던 것처럼 당신의 소망 사항을 다시 한 번 찬찬히 살펴보아라.

당신이 원하는 것을 정확하게 파악하고 당신이 그것을 얻었을 때 어떤 모습이기를 원하는지 그대로 머릿속에 선명하게 그려 보아라. 선원이 목적지로 하고 있는 부두를 늘 염두에 두고 항해하듯, 당신도 그 선명한 그림을 항상 머릿속에 갖고 있어야 한다. 항상 그 그림 쪽으로 시선을 향하고 있어야 한다. 조타수가 나침반에서 눈을 떼지 않듯, 그 그림에서 눈을 돌려서는 안 된다.

그렇다고 해서 집중하는 훈련을 할 필요는 없다. 시간을 특별히 할애해서 기도를 하거나 확인할 필요는 없다. 일부러 명상에 빠져 들거나 신비한 종교 의식 따위를 행할 필요도 없다. 현 상태로도 충분하다. 지금 당신에게 필요한 것은 오로지 당신이 소망하는 것을 알고, 그것을 몹시 간절하게 원해서 항상 생각하고 있어야 한다는 것이다.

당신이 그린 그림에 대해 깊이 숙고할 수 있도록 될 수 있는 대로 많은 여가 시간을 내라. 그러나 어느 누구도 진실로 원하는 것에 집중하는 훈련을 할 필요는 없다. 당신이 온 마음을 다 해서 집중하려고 노력해야 하는 것이라면 그것은 당신이 진실로 원하는 것이 아니기 때문이다.

그러나 당신이 정말로 부자가 되고 싶은 것이 아니라면, 그래서 자극이 나침반의 바늘을 끌어당겨 잡아두고 있는 것처럼, 부자가 되고 싶다는 생각 외에는 다른 어떤 생각도 없을 정도로 그 생각이 강하지 않다면 이 책에서 제시한 지침을 실행에 옮기려고 하는 노력은 별 가치가 없을 것이다.

이 책에서 제시하고 있는 방법들은, 부자가 되고자 하는 갈망이 몹시 강해서 정신적인 나태함과 편하게 살려는 안일함을 극복하고 그 방법들이 진정한 효과를 가져오게 하려는 사람들을 위한 것이다.

머릿속에 그린 그림이 더 선명하고 명확할수록, 그리고 그 그림의 만족스러운 부분을 더욱 구체적으로 선명하게 다지고, 그 그림에 대해서 더 오래 생각하면 할수록 당신의 갈망은 더 강해질 것이다. 그리고 갈망이 강하면 강할수록, 당신이 원하는 것에 집중하는 것이 더욱 수월해질 것이다.

그러나 선명한 이미지를 보는 것만으로는 부족하다. 그 이상의 무언가가 필요하다. 선명하게 이미지를 보는 것에 그친다면 당신은 몽상가에 불과하며 무언가를 성취할 수 있는 능력이 거의 없거나 전혀 없게 된다.

당신이 갖고 있는 선명한 이미지 뒤에는 그것을 실현하겠다는, 그 그림을 손에 잡히는 구체적인 것으로 표현하고야 말겠다는 목적의식이 있어야 한다. 그리고 이런 목적의식 뒤에는 그것이 이미 당신 것이라는 흔들리지 않는 확고한 신념이 있어야 한다. 즉, 그것이 이미 다 준비가 되어 있으며, 당신은 그저 손을 내밀어 그것을 잡기만 하면 된다는 신념이 있어야 하는 것이다.

실제로 새 집이 생길 때까지 마음속으로는 이미 새 집에 살고 있다고 생각하라. 마음속으로는 원하는 것들을 맘껏 즐기기 시작하라.

"기도하며 구하는 것은 무엇이든 받은 것으로 믿어라. 그리하면 받게 될 것이다."라고 예수는 말했다.

당신이 원하는 것들이 이미 당신 주위에 실제로 있다고 여겨라. 그것들을 이미 소유하고 있으며, 사용하고 있다고 여겨라. 실제로 당신이 그것들을 소유하게 될 때 사용하는 것과 똑같이 상상 속에서 사용하라. 머릿속에 그린 그림이 선명하고 명확하게 될 때까지 그 그림에 대해서 계속 생각하라. 그런 다음 그 그림 속에 있는 모든 것을 다 소유하고 있는 것처럼 행동하라. 그것이 이미 당신 것이라고 확고하게 믿으며 소유한 것으로 여겨라. 마음속으로 소유권을 붙들고 놓치지 마라. 실제로 소유하고 있다는 신념을 한 순간도 놓쳐서는 안 된다.

그리고 감사에 대해서 전 장에서 언급했던 것들을 반드시 기억하라. 원하는 것을 실제로 얻었을 때 느끼게 될 감사의 마음과 똑같이 항상 감사하라.

아직은 상상 속에서만 소유하고 있는 것들에 대해서 신에게 진지하게 감사할 수 있는 사람은 진정한 믿음을 갖고 있는 사람이며 그런 사람은 부자가 될 것이다. 즉, 원하는 것은 무엇이든 창조되게 할 수 있을 것이다.

당신은 원하는 것들에 대해서 반복적으로 기도할 필요가 없다. 신에게 매일 그것에 대해서 말할 필요는 없는 것이다.

예수는 제자들에게, "이방인들처럼 중언부언하지 마라. 아버지께서는 네가 구하기 전에 먼저 이런 것들이 네게 필요할 것을 아시느니라."라고 말했다.

당신이 할 일은 삶을 더 향상시켜줄 수 있는 사물들에 대한 지적인 갈망을 갖는 것이다. 그런 다음 그런 갈망을 일관

성 있는 전체로 통합하고, 이 통합된 갈망을 당신의 소망을 이루어줄 능력과 의지력을 갖고 있는 무형의 근원 물질에게 전달하고 각인시키는 것이다.

수많은 단어를 반복해서 나열한다고 해서 당신의 소망이 각인되는 것은 아니다. 그 소망을 이루고자 하는 확고한 목적의식과 소망을 이룰 수 있다는 굳건한 신념을 가지고 비전을 잃지 않을 때 그렇게 된다.

기도 응답이 되는 것은 당신이 기도하는 동안 갖는 믿음에 따라 되는 것이 아니다. 실제로 일하고 있을 때의 믿음에 따라 기도 응답이 되는 것이다.

특별히 주일을 따로 정해 놓고 신에게 당신이 소망하는 것을 말하고 나서 주중에는 신을 잊고 산다면 신의 마음속에 당신의 소원을 각인시킬 수는 없다. 하루에 특별히 시간을 할애해서 골방으로 들어가 기도하고 나서 다음 기도 시간이 될 때까지 그 문제를 깡그리 잊고 지낸다면 신에게 당신의 소원을 각인시킬 수 없다.

당신의 비전을 정확하게 규명하고 믿음을 굳건하게 해 준다는 점에서 소리 내어 기도하는 것은 얼마든지 해도 좋으며 특히 당신 자신에게 효과가 있을 것이다. 그러나 당신이 소망하는 것을 얻게 해 주는 것은 소리 내어 구하는 기도가 아니다. 부자가 되기 위해서 당신은 '신에게 기도하는 달콤한 시간'을 필요로 하지 않는다. 당신은 '쉬지 않고 기도'하는 것이 필요하다. 여기에서 기도라는 것은 당신의 비전을 구체적으로 실현하고야 말겠다는 목적의식과 그렇게 될 것이라는 신념을 갖고 비전을 붙들고 있는 것을 뜻한다.

"얻게 되리라는 것을 믿으라."

마음속에서 확고하게 비전을 형성하고 나면 결국 모든 문제는 얻는 것 하나로 귀결이 된다. 비전을 형성하고 나면 신 앞에 나가서 경건하게 소리 내어 기도하는 것은 좋다. 그리고 그 순간부터 당신은 마음속으로는 이미 구하는 것을 받은 것으로 여겨야 한다. 당신은 마음으로 새 집에서 살고, 아름다운 옷을 입고, 자동차를 타고, 여행을 가고, 더 좋고 먼 곳으로 더 오래 여행갈 계획을 자신 있게 세워라. 이제까지 구해 왔던 것들을 지금 현재 소유하고 있는 것처럼 말하고 생각하라. 당신이 원하는 환경과 경제적인 처지를 상상하고 그 가상의 공간과 경제적인 처지에서 항상 살아라. 그러나 그것을 단순히 몽상가나, 모래성을 짓는 사람으로서 해서는 안 된다는 것을 꼭 마음에 새겨라. 상상한 것들이 실현되고 있다는 신념을 붙들어라. 그것을 실현하고자 하는 목적의식을 잃지 마라. 이러한 신념과 목적의식이 과학적으로 부자가 되고자 하는 사람과 몽상가를 구별지어준다는 것을 명심하라. 이런 사실을 배우고 난 지금, 당신은 의지력을 적절하게 사용하는 법을 배워야 한다.

부자가 되는 과학 keyword

1 원하는 것의 이미지를 마음속에 선명하고 명확하게 그려야 한다. 그런 선명하고 명확한 그림을 갖고 있지 않으면 그것에 대한 개념을 전달할 수 없다.

2 당신이 원하는 것이 무엇인지 알고 명확하게 표현해야 한다. 원하는 것이 애매하고 불분명하다면 당신은 결코 부자가 될 수 없고 창조적인 힘이 발휘되도록 할 수 없다.

3 지금 당신에게 필요한 것은 오로지 당신이 소망하는 것을 알고, 그것을 몹시 간절하게 원해서 항상 생각하고 있어야 한다는 것이다.

4 당신이 원하는 것들이 이미 당신 주위에 실제로 있다고 여겨라. 그것들을 이미 소유하고 있으며, 사용하고 있다고 여겨라. 실제로 당신이 그것들을 소유하게 될 때 사용하는 것과 똑같이 상상 속에서 사용하라. 머릿속에 그린 그림이 선명하고 명확하게 될 때까지 그 그림에 대해서 계속 생각하라. 그런 다음 그 그림 속에 있는 모든 것을 다 소유하고 있는 것처럼 행동하라. 그것이 이미 당신 것이라고 확고하게 믿으며 소유한 것으로 여겨라. 마음속으로 소유권을 붙들고 놓치지 마라. 실제로 소유하고 있다는 신념을 한 순간도 놓쳐서는 안 된다.

5 실제로 새 집이 생길 때까지 마음속으로는 이미 새 집에 살고 있다고 생각하라. 마음속으로는 원하는 것들을 맘껏 즐기기 시작하라.

6 원하는 것을 실제로 얻었을 때 느끼게 될 감사의 마음과 똑같이 항상 감사하라.

제9 장

의지력을 사용하는 방법

원하는 것의 이미지를 마음속에 형성하라. 목적의식과 신념을 가지고 그 비전을 붙들어라. 그리고 의지력을 이용하여 당신의 마음이 옳은 길을 벗어나지 않도록 하라.

절대법칙

09 의지력을 사용하는 방법

과학적인 방법으로 부자가 되기 위해서 당신은 당신 자신 이외에 어느 누구도 당신 의지대로 움직이려고 해서는 안 된다. 그렇게 할 권리가 애초부터 당신에게는 없다.

다른 사람들로 하여금 당신이 소망하는 것을 하도록 만들기 위해서 그들에게 당신의 의지를 강요하는 것은 옳지 않다.

완력을 사용해서 사람들을 억압하는 것만큼이나 정신적인 힘으로 사람들을 억압하는 것은 분명히 잘못된 것이다. 완력을 사용해서 다른 사람들이 당신을 위해서 일하게 강요하는 것이 그들을 노예로 전락시키는 것이라면, 정신적인 힘으로 그들을 강요하는 것 역시 그들을 노예로 전락시키는 것과 같다. 차이가 있다면 방법이 다르다는 것뿐이다. 완력으로 다른 사람의 물건을 빼앗는 것이 강도짓이라면 정신적인 힘으로 사람들의 물건을 가져가는 것 역시 강도짓이다. 원칙상 두 가지 사이에는 아무 차이가 없다.

당신의 뜻을 다른 사람에게 강요할 권리가 당신에게는 없다. 아무리 '그 사람의 유익을 위한' 것이라 해도 그것은 마찬가지다. 그에게 유익한 것이 무엇인지 당신은 알지 못하기 때문이다. 부자가 되는 과학은 당신이 어떤 방법으로든 다른 사람에게 당신의 의지나 힘을 사용하는 것을 필요로 하지 않는다. 그렇게 할 필요는 조금도 없다. 오히려 다른 사람들에게 당신의 뜻을 강요하려고 할 때 당신의 목적이 이루어지지 못할 가능성이 높아질 뿐이다.

이와 똑같이 당신은 원하는 사물이 당신에게 오도록 강요하기 위해서 그 사물에게 당신의 의지를 강요할 필요가 없다. 그것은 단지 신을 강제적으로 움직이려는 시도가 될 뿐이며 경건하지 못한 행동일 뿐 아니라 어리석고 쓸데없는 짓이 될 것이다.

아침에 해가 뜨게 하기 위해서 당신의 의지력을 사용할 필요는 없다. 그와 똑같이 당신에게 좋은 것들을 주게 하기 위해서 신을 강제로 움직일 필요가 없다.

당신은 적대적인 신을 정복하기 위해서 당신의 의지력을 사용해야 하는 것이 아니다. 고집스럽고 반항적인 힘들을 당신 마음대로 움직이기 위해서 당신의 의지력을 사용해야 하는 것이 아니다.

근원 물질은 우호적인 존재이다. 원하는 것을 얻고자 하는 당신의 갈망보다 당신에게 그것을 주고자 하는 근원 물질의 갈망이 더 강하다.

부자가 되기 위해서 당신은 당신 자신에게만 의지력을 사용하면 된다.

무엇을 생각하고 무엇을 해야 하는지를 알게 되면, 옳게 생각하고 옳게 행동하기 위해서 스스로에게 의지력을 적용해야 한다. 그것이 당신이 원하는 것을 얻기 위해 올바르게 의지력을 사용하는 방법이다. 즉, 당신 스스로를 옳은 길에서 벗어나지 않도록 하기 위해 의지력을 사용하는 것이다. 당신 자신이 특정한 방식으로 계속 생각하고 행동하기 위해서 의지력을 사용하라.

그러나 당신의 의지, 생각, 마음을 외부로 즉 다른 사람이나 사물에게 투영하려고 하지 마라.

당신의 의지는 당신 자신에게만 투영하라. 다른 어떤 곳에서보다 그곳에서 당신의 의지는 훨씬 더 많은 것을 성취할 수 있다.

원하는 것의 이미지를 마음속에 형성하라. 목적의식과 신념을 가지고 그 비전을 붙들어라. 그리고 의지력을 이용하여 마음이 옳은 길을 벗어나지 않도록 하라.

신념과 목적의식을 더욱 확고하게 붙들고 있으면 있을수록 당신은 더욱 더 빨리 부자가 될 것이다. 왜냐하면 근원 물질에게 긍정적인 이미지만을 각인시키게 될 것이며, 부정적인 이미지를 전달함으로써 긍정적인 이미지를 흐리거나 상쇄시키지 않을 것이기 때문이다.

확고한 신념과 목적의식이 있는 가운데 당신이 소망하는 이미지를 무형의 근원 물질이 받아들이고 나면 그 이미지는 아주 머나먼 곳까지, 심지어 우주까지 침투해 들어간다.

당신의 소망이 점점 더 멀리까지 퍼지고 인식됨에 따라 모든 사물은 그 소망을 실현하는 방향으로 움직이기 시작한다. 모든 생물과 무생물을 비롯하여 아직 창조되지 않은 것들까지도 당신이 원하는 것이 실제로 존재하도록 해주기 위해서 움직이기 시작한다. 모든 힘은 그쪽 방향으로 작용하기 시작한다. 모든 것들이 당신을 향해서 움직이기 시작하는 것이다. 어느 곳에서나 사람들은 당신의 소망을 충족시켜 주기 위해 필요한 일들을 하도록 영향을 받는다. 그들은 무의식적으로 당신을 위해 일하게 되는 것이다.

그러나 당신이 무형의 근원 물질 속에 부정적인 이미지를 심어주면 이 모든 과정에 제동이 걸릴 수 있다. 신념과 목적의식이 모든 만물로 하여금 당신을 위해서 움직이게 한다면, 그와 똑같이 의혹이나 의심은 모든 만물이 그 반대 방향으로 움직이게 만들 것이다. 부자가 되는 데 있어서 '정신의 과학'을 사용하려고 하는 대부분의 사람들이 실패하는 것은 바로 이것을 이해하지 못하기 때문이다. 의심하고 두려워하면서 보내는 매 순간, 걱정하면서 보내는 매 시간, 의심에 사로잡혀 지내는 매 시간은 지적인 근원 물질이 작용하는 전 영역 안에서 당신에게 유리하게 흐르던 기운을 반대 방향으로 돌려놓는다. 약속은 오직 믿는 자에게만 주어지며 이루어진다. 예수가 이 점을 얼마나 강조를 했던가를 주목해 보라. 이제 당신도 그 이유를 알게 되었을 것이다.

믿음이 이처럼 중요하기 때문에 당신은 무엇을 생각하느냐에 대해서 몹시 조심해야 한다. 믿음은 당신이 유심히 관찰하고 생각하는 것들에 의해 대부분 형성되기 때문에, 당신의 주의력이 어디에 집중되는지 잘 조절하는 것이 매우 중요하다.

바로 이 시점에서 의지력이 필요해진다. 어느 곳에 주의를 집중시킬 것인가를 결정하는 것이 의지력이기 때문이다.

부자가 되고 싶다면 가난을 공부해서는 안 된다.

원하는 것과 반대되는 것에 대해 생각해서는 원하는 것이 이루어지지 않는다. 건강은 질병에 대해 연구하고 생각함으로써 얻어지지 않는다. 정의는 죄에 대해 생각하고 연구함으로써 실현되지 않는다. 이와 마찬가지로 가난에 대해 연구하고 생각함으로써 부자가 된 사람은 아무도 없었다.

질병을 연구하는 과학인 의학은 질병을 증가시켜왔다. 죄를 연구하는 과학인 종교는 죄를 조장해 왔다. 가난을 연구하는 경제학은 세상을 비참과 궁핍으로 가득 채울 것이다. 가난에 대해 논하지 마라. 가난에 대해 깊이 연구하지 말고 그것에 대해 걱정하거나 생각하지 마라. 가난의 원인에 대해서 신경 쓰지 마라. 당신은 가난과 아무 관계가 없다.

중요한 것은 해결책이다.

자선 사업을 하면서 시간을 허비하지 마라. 자선 행위의 목적은 가난의 비참함을 근절시키는 것이지만 오히려 그것을 지속되게 할 뿐이다.

그렇다고 해서 냉혹해지거나, 불친절해지거나, 불쌍한 사람들의 하소연에 귀를 기울이지 말라는 뜻은 아니다. 단지 가난을 근절함에 있어서 관습적인 방법을 시도해서는 안 된다는 뜻이다. 가난을 뒤로 하라. 가난과 관련된 모든 것을 뒤로 하라. 그리고 "성공하라." 부자가 되어라. 그것이 가난한 사람을 도울 수 있는 최선의 길이다.

당신의 마음을 가난의 이미지로 가득 채우면 당신을 부자로 만들어줄 이미지를 담을 여지가 없어진다. 셋방살이를 하는 사람들의 비참한 처지나 아동 노동의 끔찍함 등에 대한 이야기들을 들려주는 책이나 잡지를 읽지 마라. 당신의 마음을 궁핍하고 고통 받는 음울한 이미지로 채워주는 것은 어떤 것도 읽지 마라.

그런 것들에 대해 안다고 해서 가난한 사람들을 도와줄 수는 없다. 그런 것들에 대해 폭넓은 지식을 갖고 있다고 해서 가난을 제거하는 데 아무런 도움도 주지 못한다.

가난을 제거하는 방법은 가난과 궁핍의 이미지를 당신의 마음속에 들여놓는 것이 아니라 가난한 사람들의 마음속에 부의 이미지를 들여놓는 것이다. 가난에 대한 비참한 이미지들이 마음속을 채우지 못하게 한다고 해서 가난한 사람들을 비참한 처지에 방치해 두는 것은 아니다.

가난에 대해 생각하는 부유한 사람들의 숫자가 늘어난다고 해서 가난을 퇴치할 수 있는 것이 아니다. 신념을 가지고 부자가 되고야 말겠다는 확고한 목적의식을 갖고 있는 가난한 사람들의 숫자를 늘려감으로써 가난은 비로소 퇴치할 수 있는 것이다.

가난한 사람이 필요로 하는 것은 자선이 아니다. 그들에게 필요한 것은 영감과 동기 부여다. 자선은 가난한 사람들이 비참한 처지에서 계속 목숨을 연명해 갈 수 있도록 빵 조각을 주는 것에 불과하다. 자선은 가난한 사람들에게 여흥 거리를 제공함으로써 잠시 가난을 잊게 만들어줄 뿐이다. 그러나 영감은 가난한 사람들에게 그 비참한 현실을 딛고 일어날 수 있게 해 준다. 가난한 사람들을 돕고 싶은가? 그렇다면 그들도 부자가 될 수 있다는 사실을 그들에게 보여 주어라. 당신이 부자가 됨으로써 그것을 증명해 보여라.

이 세상에서 가난을 모조리 퇴치할 수 있는 유일한 길은 이 책에서 가르쳐주는 것을 실제 생활에서 실천하는 사람들의 수가 끊임없이 늘어나게 하는 것뿐이다.

사람들은 경쟁을 통해서 부자가 되는 법을 배워서는 안 된다. 창조를 통해서 부자가 되는 법을 배워야 한다.

경쟁을 통해서 부자가 되는 사람들은 그가 타고 올라간 사다리를 없애 버려서 아무도 다시 그 사다리를 타고 올라올 수 없게 만들어 버린다. 그러나 창조를 통해서 부자가 되는 사람들은 수많은 사람들이 그를 따라올 수 있도록 길을 열어 놓고, 그렇게 하도록 그들을 독려해 준다.

가난을 불쌍히 여기고, 가난을 보고, 가난에 대해서 읽고, 가난에 대해서 생각하고 논하고, 가난에 대해서 논하는 사람들의 이야기에 귀를 기울이기를 거부한다고 해서 당신이 냉정하고 무자비한 성품을 갖고 있는 사람이 되는 것은 아니다. 의도적으로라도 가난이라는 주제에 대해서는 아예 관심을 꺼라. 신념과 목적의식을 가지고 당신이 원하는 것에 마음을 집중하라. 이 때 필요한 것이 바로 의지력이다.

부자가 되는 과학 keyword

1 당신은 원하는 사물이 당신에게 오도록 강요하기 위해서 그 사물에게 당신의 의지를 강요할 필요가 없다.

2 무엇을 생각하고 무엇을 해야 하는지를 알게 되면, 당신은 옳게 생각하고 옳게 행동하기 위해서 스스로에게 의지력을 적용해야 한다. 그것이 당신이 원하는 것을 얻기 위해 올바르게 의지력을 사용하는 방법이다. 즉, 당신 스스로를 옳은 길에서 벗어나지 않도록 하기 위해 의지력을 사용하는 것이다. 당신 자신이 특정한 방식으로 계속 생각하고 행동하기 위해서 의지력을 사용하라.

3 원하는 것의 이미지를 마음속에 형성하라. 목적의식과 신념을 가지고 그 비전을 붙들어라. 그리고 의지력을 이용하여 당신의 마음이 옳은 길을 벗어나지 않도록 하라.

4 신념과 목적의식을 더욱 확고하게 붙들고 있으면 있을수록 당신은 더욱 더 빨리 부자가 될 것이다. 왜냐하면 근원 물질에게 긍정적인 이미지만을 각인시키게 될 것이며, 부정적인 이미지를 전달함으로써 긍정적인 이미지를 흐리거나 상쇄시키지 않을 것이기 때문이다.

5 신념과 목적의식이 모든 만물로 하여금 당신을 위해서 움직이게 한다면 그와 똑같이 의혹이나 의심은 모든 만물이 그 반대 방향으로 움직이게 만들 것이다.

6 가난에 대해서 생각하는 부유한 사람들의 숫자를 증가시킴으로써 가난을 퇴치할 수 있는 것이 아니다. 신념을 가지고 부자가 되고야 말겠다는 확고한 목적의식을 갖고 있는 가난한 사람들의 숫자를 늘려감으로써 가난은 비로소 퇴치할 수 있는 것이다.

제10장

의지력을 사용하는 또 다른 방법

매일 이 책을 읽어라. 이 책을 항상 곁에 두어라. 이 책을 외워라. 그리고 다른 이론이나 체계는 생각하지 마라. 만약 다른 생각을 한다면 의혹이 일기 시작할 것이며, 확신이 없어지고, 생각이 흔들릴 것이다. 그러면 실패하기 시작하는 것이다.

절대법칙 10

의지력을 사용하는 또 다른 방법

상상 속에서든 현실 속에서든 부와 대치되는 이미지에 계속 주의를 집중하고 있다면, 부의 진정한 이미지를 선명하게 유지하고 있을 수 없다.

만약 과거에 당신이 경제적으로 궁핍했다면 과거의 고난에 대해 이야기하지도 말고 생각하지도 마라. 부모님이 겪었던 가난이나 당신의 어린 시절 어려움에 대해서도 이야기하지 마라. 그렇게 한다면 그 순간만큼은 당신은 정신적으로 가난한 사람들과 같은 부류가 되어 버리기 때문이다. 또한 당신의 방향으로 흘러오던 사물의 유익한 흐름을 분명히 방해할 것이기 때문이다.

"죽은 자는 죽은 사람이 묻게 하라."라고 예수는 말했다

가난, 그리고 가난과 관련된 모든 것을 완전히 뒤로 하라.

당신은 특정한 우주론을 옳은 것으로 받아들였다. 그리고 행복에 대한 모든 소망을 그것이 옳다는 데 두고 있다. 그렇다면 그와 상충되는 이론에 귀를 기울임으로써 당신에게 득이 되는 것이 무엇이겠는가?

세상의 종말이 곧 올 것이라고 말하는 종교 서적을 읽지 마라. 세상이 악마의 손에 떨어질 것이라고 말하는 염세적인 철학자나 유언비어를 유포하는 자들의 책을 읽지 마라.

세상은 악마의 손에 떨어지지 않는다. 세상은 신에게 속한 것이다.

세상은 놀라운 (관계론적 존재인) 생성의 결정체이다.

물론 현재 상황에는 못마땅한 것이 많이 있을 수 있다. 그러나 그것은 곧 사라질 것이며, 그것에 대해서 연구하면 오히려 그것이 사라지지 못하게 하고 계속 남아 있게 할 뿐이다. 그렇다면 그것에 대해서 연구하는 것이 무슨 소용이 있단 말인가? 그것은 발전과 진화의 과정에 의해서 제거되고 말 것이다. 그리고 그 과정을 촉진시킴으로써 더욱 빠르게 그것을 제거할 수 있는데 왜 그것에 시간과 노력을 기울인단 말인가?

어떤 나라나, 지역이나, 장소의 현재 상태가 외형적으로 아무리 끔찍해 보여도 그런 것들에 대해서 깊이 생각한다면, 당신은 시간을 낭비하고 기회를 파괴하는 것이다.

당신은 세상이 부자가 되는 것에 관심을 기울여야 한다.

세상이 탈피하고 있는 가난에 대해 생각하지 마라. 그 대신 세상이 향해가고 있는 부에 대해 생각하라. 그리고 세상이 부유하게 되는 데 당신이 일조할 수 있는 유일한 길은, 경쟁적인 방법이 아니라 창조적인 방법을 통해서 당신 자신이 부유해지는 데 있다는 사실을 반드시 명심하라.

부자가 되는 것에 모든 주의를 집중하라. 그리고 가난을 외면하라.

가난한 사람들에 대해 생각하거나 말할 때마다 그들을 부자가 되려는 사람들로 생각하고 말하라. 그들을 연민의 대상이 아니라 축하해야 하는 대상으로 생각하고 말하라. 그렇게 할 때, 그들뿐 아니라 다른 사람들 역시 영감을 받을 것이며 가난을 벗어날 길을 모색하기 시작할 것이다.

당신의 시간과 마음과 생각 전체를 부에 기울여야 한다고 해서 천박하거나 야비한 사람이 되라는 말은 아니다.

진정한 부자가 되는 것은 일생에서 당신이 가질 수 있는 가장 고귀한 목적이다. 그 목적은 다른 모든 것을 포괄하기 때문이다.

경쟁적인 차원에서는 부자가 되려는 노력은 신을 배제한 가운데 다른 사람들 위에 군림하려는 투쟁이다. 그러나 우리가 창조적인 정신을 갖게 될 때 이런 모든 것은 변화된다.

지위, 영적인 목표 실현, 봉사와 숭고한 노력 면에서 가능한 모든 것은 부자가 됨으로써 얻어진다. 사물을 사용함으로써 가능해지는 것이다.

만약 당신이 건강하지 못하다면 부자가 될 때에만 건강을 얻을 수 있다는 사실을 발견하게 될 것이다.

경제적인 걱정에서 자유로워진 사람들만이 건강을 얻고 유지할 수 있다. 생계를 걱정하지 않고 위생적인 습관을 유지할 수 있는 수단을 갖고 있는 사람들만이 건강을 얻고 유지할 수 있다.

생존을 위해서 경쟁적으로 싸우는 수준을 넘어선 사람만

이 도덕적으로, 영적으로 훌륭해질 수 있다. 창조적인 방법을 통해서 부자가 된 사람들만이 경쟁이 초래하는 부정적인 영향력에서 자유롭다. 가정의 행복을 원하는가? 그렇다면 부정적인 영향력으로부터 자유롭고, 고차원적인 사고를 할 수 있고, 세련된 생활을 영위할 수 있는 곳에서 사랑이 가장 아름답게 꽃필 수 있다는 사실을 명심하라. 그리고 그런 생활은 갈등이나 경쟁 없이 창조적인 사고를 발휘함으로써 부를 얻은 경우에만 누릴 수 있다는 사실도 명심하라.

다시 반복해서 말하지만 부자가 되는 것만큼 위대하고 고귀한 목적은 없다. 그러므로 당신의 마음속에 있는 부의 이미지에 집중해야 한다. 그 이미지를 흐리거나 가릴 수 있는 것들은 모두 마음속에서 배제시켜야 한다.

당신은 모든 사물의 근간에 깔려 있는 절대적인 진리를 보는 법을 배워야 한다. 외형적으로는 모든 것이 잘못된 것처럼 보이는 상황에서, 당신은 위대한 하나의 생명력이 더욱 충만한 행복을 얻고 좀 더 충만하게 그 존재를 표현하기 위해 움직이고 있는 것을 보아야 한다.

가난 같은 것은 없다. 오직 부만이 존재한다. 그것이 진리이다.

어떤 사람들은 그들을 위해 부가 존재한다는 사실을 알지 못하기 때문에 가난하게 살아간다. 그들에게 그 사실을 가르쳐 주는 가장 좋은 방법은 당신 자신이 부자가 됨으로써 부에 이르는 길을 몸소 보여주는 것이다.

어떤 사람들은 가난을 벗어날 길이 있다는 것을 느끼면서도, 정신적으로 너무 나태해서 그 길을 찾아 들어서는 데 필요한 정신적인 노력을 기울이지 않기 때문에 가난하다. 이런 사람들을 위해서 당신이 해줄 수 있는 최선의 것은, 올바른 방법으로 얻은 부에서 오는 행복을 보여줌으로써 그들 안에 부자가 되고 싶은 욕구를 불러일으키는 것이다.

또한 어떤 사람들은 부자가 되는 과학에 대해 일부분 알고는 있지만, 형이상학이나 신비주의 이론에 매몰되어 그 안에서 헤어 나오지 못하기 때문에 어떤 길을 가야 하는지 알지 못해서 가난하게 살아가기도 한다. 그들은 여러 가지 방법을 시도해 보지만 결국 모두 실패한다. 이런 사람들에게도 역시 가장 최선의 것은 당신의 실제 삶과 인격을 통해 옳은 길을 보여주는 것이다. 아무리 많은 이론을 내세워도 한 번 실천에 옮기는 것만큼의 가치는 없다.

세상을 위해 당신이 할 수 있는 최선의 것은 당신 자신이 최고로 성공하는 것이다.

부자가 되는 것보다 더 효율적으로 신과 세상에게 봉사할 수 있는 길은 없다. 단, 이것은 경쟁적인 방법이 아니라 창조적인 방법을 통해서 부자가 되었을 때에만 해당된다.

한 가지 더 짚고 넘어 가자. 우리는 이 책이 부자가 되는 과학의 원칙을 상세하게 설명해주고 있다고 주장한다. 만약 그것이 사실이라면 당신은 이 주제에 관한 다른 책을 또 읽을 필요가 없다. 이 말은 편협하고 독선적으로 들릴 수도 있다. 그러나 한 번 생각해 보라. 수학에서 사칙연산보다 더 과학적인 계산 방법은 없다. 다른 방법은 아예 가능하지 않다. 두 점 사이에 가장 짧은 거리는 단 하나밖에 없다. 과학적으로 사고하는 길 역시 단 하나뿐이다. 그것은 목적으로 향하는 가장 직접적이고 단순한 길로 이끌어줄 방법으로 생각하는 것이다. 이 책에서 제시하는 것만큼 간결하고 간단한 체계를 형성한 사람은 아직까지 없다. 그것은 반드시 필요한 것 이외에 모든 것은 다 제거해 버렸다. 이 책을 읽기 시작하면 다른 책은 모두 치워라. 다른 것들은 마음속에서 완전히 몰아내라.

매일 이 책을 읽어라. 이 책을 항상 곁에 두어라. 이 책을 외워라. 그리고 다른 이론이나 체계는 생각하지 마라. 만약 다른 생각을 한다면 의혹이 일기 시작할 것이며, 확신이 없어지고 생각이 흔들릴 것이다. 그러면 실패하기 시작하는 것이다.

성공을 하고 부자가 되고 난 후에는 얼마든지 원하는 대로 다른 체계들에 대해 연구해도 좋다. 그러나 당신이 원하는 것을 얻었다는 확신이 들 때까지는 이 책 외에는, 그리고 이 책의 서문에서 언급한 작가들의 저서 이외에는 이런 부류의 서적은 어떤 것도 읽지 마라.

뉴스도 가장 낙관적이고 긍정적인 기사만 읽어라. 당신이 갖고 있는 이미지와 조화를 이루는 것만 읽어라.

또한 신비로운 비법에 대한 연구를 미루어라. 접신론이나 미신 따위에 관심을 두지 마라. 물론 죽은 사람이 아직도 이 세상 어딘가 가까운 곳에 머물고 있을 가능성도 있다. 그러나 만약 그렇다 해도 상관하지 말고 당신이 할 일이나 제대로 해라.

설혹 유령이 이 세상 어디에 있다 해도 그들은 나름대로 할 일이 있고, 풀어야 할 그들만의 문제를 갖고 있을 것이다. 우리는 그들의 문제에 개입할 하등의 권리가 없다. 그들을 도와줄 수 없다. 또한 그들이 우리를 도와줄 수 있는지는 의문이며 설사 그들이 도와줄 수 있다 해도 그들의 시간을 빼앗을 권리가 우리에게 있는지도 의문이다. 망자와 내세의 문제에는 관심을 두지 말고 당신 자신의 문제나 해결하라. 그리고 부자가 되어라. 만약 미신적인 행위에 신경 쓰기 시작하면 당신은 정신적으로 혼란에 휩싸이게 될 것이며 당신의 소망은 산산조각 나고 말 것이 분명하다. 이런 충고와 함께 앞서 여러 장에서 제시한 지침들을 통합해보면 다음과 같은 기본적인 명제에 다다르게 된다.

모든 사물의 근원이 되는, 생각하는 근원 물질이 존재한다. 이 물질은 원형의 상태에서 우주의 모든 공간으로 파고들어 침투하여 그 공간을 채운다.

이 근원 물질 속에 있는 생각은 그것이 떠올리는 이

미지를 가진 사물을 만들어낸다.

사람은 사물들의 형체를 생각해낼 수 있으며, 그 생각을 무형의 근원 물질에게 각인시킴으로써 그가 생각하는 사물이 창조되도록 유발할 수 있다.

이렇게 하기 위해서는 경쟁적인 심리에서 벗어나 창조적인 심리로 전환해야 한다. 원하는 것들의 이미지를 마음속에 선명하게 형성해야 한다. 그리고 소망하는 것을 손에 넣고야 말겠다는 확고한 목적의식과 그것을 반드시 얻을 것이라는 흔들리지 않는 신념을 가지고 그 이미지를 생각 속에 담고 있어야 한다. 목적의식을 약하게 하거나 비전을 흐리거나 신념을 깨뜨릴 수 있는 그 어떤 것에 대해서도 마음의 문을 굳게 닫아야 한다.

이제 한 걸음 더 나아가 특정한 방식으로 살고 행동해야 하는 것에 대해서 알아보자.

부자가 되는 과학 keyword

1 세상이 탈피하려 하고 있는 가난에 대해서 생각하지 마라. 그 대신 세상이 향해가고 있는 부에 대해서 생각하라. 그리고 세상이 부유하게 되는 데 당신이 일조할 수 있는 유일한 길은, 경쟁적인 방법이 아니라 창조적인 방법을 통해서 당신 자신이 부유해지는 데 있다는 사실을 반드시 명심하라.

2 세상을 위해 당신이 할 수 있는 최선의 것은 자신이 최고로 성공하는 것이다. 부자가 되는 것보다 더 효율적으로 신과 세상에게 봉사할 수 있는 길은 없다. 단, 이것은 경쟁적인 방법이 아니라 창조적인 방법을 통해서 부자가 되었을 때에만 해당된다.

3 매일 이 책을 읽어라. 이 책을 항상 곁에 두어라. 이 책을 외워라. 그리고 다른 이론이나 체계는 생각하지 마라. 만약 다른 생각을 한다면 의혹이 일기 시작할 것이며, 확신이 없어지고, 생각이 흔들릴 것이다. 그러면 실패하기 시작하는 것이다.

제11장

특정한 방식으로 행동하라

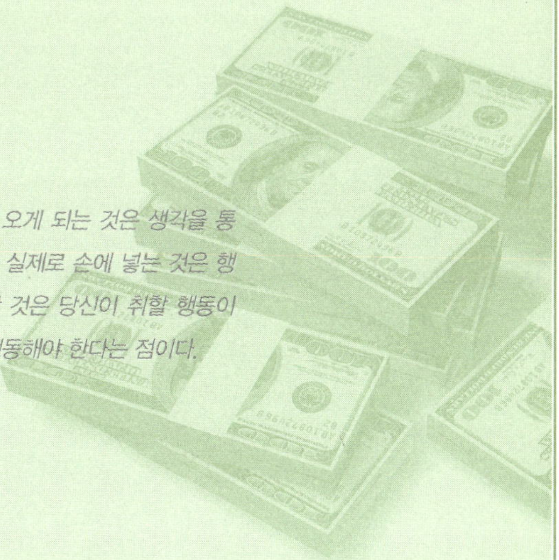

원하는 것이 당신에게 오게 되는 것은 생각을 통해서다. 그러나 그것을 실제로 손에 넣는 것은 행동을 통해서다. 분명한 것은 당신이 취할 행동이 무엇이든, 지금 당장 행동해야 한다는 점이다.

절대법칙 11

특정한 방식으로 행동하라

생각은 창조적인 힘이다. 즉, 창조적인 힘이 행동하도록 만드는 추진력이 바로 생각이다. 특정한 방식으로 하는 생각은 부를 가져다 줄 것이다. 그러나 행동에는 전혀 신경을 쓰지 않고 생각에만 의존해서는 안 된다. 형이상학 사상가들이 실패하는 것은 바로 그 점이다. 즉, 그들은 행동과 생각을 연계시키지 못하는 것이다.

사람이 아무런 일도 하지 않고, 또한 자연적인 과정이 개입되지 않고도 무형의 근원 물질에서 직접 사물을 창조할 수 있는 단계까지 이를 가능성도 있다. 그러나 설사 그것이 가능하다 해도 우리는 아직까지 그 단계까지 발전하지 못했다. 그래서 사람은 생각 뿐 아니라 그에 부합하는 행동으로 그 생각을 뒷받침해주어야 한다.

생각함으로써 당신은 산속 깊은 곳에 있는 금이 당신을 향해서 움직이도록 유발할 수 있다. 그러나 그 금이 저절로 채굴되고, 정련되고, 동전의 형태로 바뀌어서 당신의 주머니까지 도달하는 길을 찾아서 굴러오지는 않을 것이다.

세상 모든 일은 절대적인 신의 추진력 아래 놓여 있다. 그래서 누군가가 당신을 위해서 금을 채굴하도록 만들 것이다. 또한 그 금이 당신에게 이동될 수 있도록 다른 기업이 거래행위를 하도록 만들 것이다. 단, 당신은 그 금이 당신에게 올 때 받을 수 있도록 사업 체계를 마련해 놓아야 한다. 당신의 생각은 생물이든 무생물이든 모든 사물로 하여금 당신이 원하는 것을 당신에게 가져다주도록 일하게 만든다. 그러나 당신의 행동 역시 원하는 것이 다가왔을 때 그것을 정당하게 받아도 될 만한 것이어야 한다. 당신은 원하는 것을 누군가의 자선 행위에 의해 얻어서도 안 되고, 훔쳐서도 안 된다. 오히려 다른 사람에게서 받는 현금 가치보다 더 큰 효용 가치를 그 사람에게 주어야 한다.

생각을 과학적으로 이용하는 것은 다음과 같은 세 가지 요소로 구성된다.

첫째, 당신이 원하는 것의 이미지를 마음속에 선명하고 명확하게 형성하는 것이다.

둘째, 원하는 것을 얻고자 하는 목적의식을 확고히 하는 것이다.

셋째, 원하는 것은 얻게 된다는 것을 깨닫고 감사와 신념을 가지는 것이다.

생각을 외부로 투영하면 그 생각이 모든 일을 다 해줄 것이라는 사고를 가지고, 미신적이거나 신비주의적인 방법을 통해서 당신의 생각을 '투영'하려고 노력하지 마라. 그것은 노력의 낭비이며 건전한 사고 능력을 약화시킬 것이다.

부자가 되는 데 있어서 생각이 어떤 작용을 하는가는 앞 장에서 충분히 설명하였다. 무형의 근원 물질은 당신과 마찬가지로 더욱 충만한 삶을 영위하고자 하는 갈망을 갖고 있다. 그런 무형의 근원 물질에게 당신의 신념과 목적의식은 당신의 비전을 긍정적으로 각인시킨다. 무형의 근원 물질에게 전달된 이 비전은 모든 창조적인 힘이 그 정상적인 행동의 궤도를 따라서 작용하도록 만들어지는데, 그 방향은 당신을 향하게 된다.

이런 창조의 과정을 이끌고 감독하는 것은 당신이 할 일이 아니다. 당신이 할 일은 비전을 간직하고, 목적의식을 잃지 않고, 신념과 감사하는 마음을 유지하는 것뿐이다. 단, 당신은 특정한 방식으로 행동해야 한다. 그렇게 해야 당신의 것이 당신에게 올 때 그것을 적절하게 사용할 수 있게 된다. 즉, 머리 속에 이미지로 갖고 있던 사물을 만날 수 있으며 그것이 나타났을 때 적절한 자리에 배치할 수 있게 되는 것이다.

이 말이 정말로 전하고자 하는 의미는 다음과 같다. 원하던 사물이 당신에게 도달했을 때 그것은 다른 사람의 수중에 있을 것이며, 그 사람은 그 물건에 상응하는 대가를 요구할 것이다. 이 때 당신의 것을 소유할 수 있는 유일한 방법은 그 사람에게 그의 물건을 대가로 주는 것 밖에 없다.

당신이 아무런 노력을 기울이지 않았는데도 당신의 지갑이 항상 돈으로 가득 차 있는 요술 지갑으로 바뀌지는 않을 것이다.

부자가 되는 과학에서 이것은 아주 결정적인 점이다. 바로 이 점 때문에 생각과 행동이 결합되어야 하는 것이다. 의식적으로든 무의식적으로든 강하고 끈덕진 갈망을 통해서 창조적인 힘이 움직이도록 만드는데도 불구하고 가난에서 벗어나지 못하는 사람들이 많이 있다. 그 이유는 그들은 원하는 것이 왔을 때 그것을 받아들일 준비가 되어 있지 않기 때문이다.

원하는 것이 당신에게 오게 되는 것은 생각을 통해서다. 그러나 그것을 실제로 손에 넣는 것은 행동을 통해서다. 분명한 것은 당신이 취할 행동이 무엇이든, 지금 당장 행동해야 한다는 점이다. 과거로 돌아가 행동할 수는 없다. 그러므로 머릿속에서 과거를 지워버려야 한다. 머릿속에 들어 있는 비전을 선명하게 유지하기 위해서는 반드시 그렇게 해야 한다. 또한 아직 오지도 않은 미래에서 행동할 수는 없다. 미래의 상황이 어떻게 될지 모르기 때문에 미래의 상황이 닥칠 때까지 당신이 어떻게 행동할 것인지 미리 말할 수 없는 것이다.

지금 당신이 하는 사업이 당신과 맞지 않거나 환경이 좋지 않다고 해서, 맞는 사업을 시작하거나 환경이 좋아질 때까지 행동을 미루어야 한다고 생각하지 마라. 앞으로 닥칠 수 있는 비상사태에 대비해서 어떤 길을 취하는 것이 최선인가를 생각하며 현재 시간을 낭비하지 마라. 어떤 비상사태라도 대처할 수 있는 능력이 당신에게 있다는 믿음을 가져라.

만약 당신이 미래에 초점을 맞추고 현재에 행동한다면, 집중되지 않은 분산된 정신 상태에서 현재 행동을 하게 되기 때문에 효율적일 수가 없다.

현재 행동에 전력을 집중하라.

당신의 창조적인 충동을 근원 물질에게 주고 난 다음, 주저앉아서 마냥 결과를 기다리지 마라. 그렇게 한다면 결코 원하는 결과를 얻지 못할 것이다. 지금 당장 행동하라.

현재 외에 다른 시간은 없다. 그리고 앞으로도 현재 외에 결코 다른 시간은 없을 것이다. 당신이 원하는 것을 받을 준비를 시작하려고 한다면 지금 당장 시작하라.

어떤 행동을 취하든 현재 사업과 현재 처한 환경 안에서 행동해야 한다. 현재 환경에 있는 사람들과 사물을 대상으로 행동해야 한다.

현재 있는 곳 외에 다른 장소에서 행동할 수는 없다. 과거에 갔던 장소에서 지금 행동을 할 수는 없다. 미래에 가 있을 장소에서 지금 행동할 수는 없다. 행동은 지금 있는 그 자리에서만 가능하다.

어제 한 일이 잘됐는지, 잘못됐는지 걱정하지 마라. 오늘 할 일만 잘 하면 된다.

내일 할 일을 오늘 하려고 애쓰지 마라. 내일이 오면 그 일을 할 시간은 충분히 있을 것이다.

신비로운 비방이나 미신적인 방법을 통해서 당신의 손이 미치지 않는 곳에 있는 사람이나 사물을 대상으로 행동하려고 노력하지 마라.

환경이 변화된 다음에 행동하려고 기다리지 마라. 행동을 통해서 환경을 변화시켜라.

지금 당신이 처해 있는 환경에서 행동함으로써 지금보다 더 나은 환경으로 이동할 수 있도록 하라.

신념과 목적의식을 가지고 더 나은 환경에 있는 자신의 이미지를 붙들어라. 그러나 정성과 힘과 마음을 다해 현재 환경에서 행동을 취하라.

헛된 몽상을 하며 사상누각을 쌓느라 시간을 허비하지 마라. 당신이 원하는 것, 그 하나의 비전에 집중하라. 그리고 지금 당장 행동하라.

부자가 되기 위한 첫 번째 단계로서 뭔가 새롭거나, 신기하거나, 특이하거나, 대단한 일이나 행동을 찾으려고 하지 마라. 당분간 당신이 해야 할 일은 여태까지 해오던 일일 가능성이 높다. 그러나 지금 그 행동을 특정한 방식으로 수행하기 시작하라. 그렇게 하면 당신은 틀림없이 부자가 될 것이다.

만약 지금 사업을 하고 있는데 그것이 당신과 맞지 않는다고 느낀다 해도, 맞는 일을 시작할 때까지 기다렸다가 행동하려고 하지 마라.

좋지 않은 환경에 처해 있다고 해서 낙담하지 마라. 주저앉아 슬퍼하지 마라. 아무리 잘못된 환경에 처해 있다 해도 올바른 환경을 찾지 못하는 일은 절대로 없다. 또한 아무리 맞지 않는 사업을 하게 되었다 해도, 자신에게 맞는 사업을 시작할 수 있는 길이 아예 없는 것은 아니다.

맞는 사업을 하고 있는 당신의 이미지를 붙들어라. 그 사업을 시작하고야 말겠다는 목적의식을 확고히 하라. 그 사업을 시작할 수 있다는 신념 또한 확고히 하라. 그러나 지금 하고 있는 사업을 하면서 행동하라. 현재의 사업을 더 나은 사업을 시작하기 위한 수단으로 활용하라. 현재의 환경을 좀 더 나은 환경으로 가기 위한 수단으로 활용하라. 확고한 신념과 목적의식을 갖고, 맞는 사업을 하고 있는 자신의 이미지를 붙들어라. 그 이미지는 신으로 하여금 올바른 사업이 당신을 향해 다가오도록 일하게 만들 것이다. 특정한 방식으로 행동하라. 그 행동은 당신으로 하여금 그 사업을 향해 나아갈 수 있도록 해줄 것이다.

당신이 월급쟁이이며 소원을 이루기 위해서 자리를 바꾸어야 한다고 느낀다면 당신의 생각을 외부로 '투영'시키지 마라. 그 생각이 당신에게 다른 직장을 가져다 줄 것이라고 믿지 마라. 그렇게 한다고 해도 아마 그렇게 되지는 않을 것이다.

현재의 직장에서 신념과 목적의식을 붙들고 행동하는 한편, 원하는 직장에서 일하는 비전을 잃지 마라. 그러면 당신은 반드시 원하는 직장을 얻게 될 것이다.

당신의 비전과 신념은 창조적인 힘을 움직여 그 직장을 당신에게 가져다주게 만들 것이다. 당신의 행동은 지금 현재 환경 안에 있는 힘을 움직여 원하는 곳으로 당신을 이동시켜 주게 만들 것이다.

이 장을 마무리하면서 우리는 현재까지 제시된 지침 외에 한 가지를 더 추가하기로 한다.

모든 사물의 근원이 되는, 생각하는 근원 물질이 존재한다. 이 물질은 원형의 상태에서 우주의 모든 공간으로 파고들어 침투하여 그 공간을 채운다.

이 근원 물질 속에 있는 생각은 그것이 떠올리는 이미지를 가진 사물을 만들어낸다.

사람은 사물의 형체를 생각해낼 수 있으며 그 생각을 무형의 근원 물질에게 각인시킴으로써 그가 생각하는 사물이 창조되도록 유발할 수 있다.

그렇게 하기 위해서는 경쟁적인 심리에서 벗어나 창조적인 심리로 전환해야 한다. 원하는 것들의 이미지를 마음속에 선명하게 형성해야 한다.

그리고 소망하는 것을 손에 넣고야 말겠다는 확고한 목적의식과 그것을 반드시 얻을 것이라는 흔들리지 않는 신념을 가지고 그 이미지를 생각 속에 담고 있어야 한다. 목적의식을 약하게 하거나 비전을 흐리거나 신념을 깨뜨릴 수 있는 그 어떤 것에 대해서도 마음의 문을 굳게 닫아야 한다.

원하는 것이 왔을 때 받을 수 있도록 하기 위해서 현재 환경 속에 있는 사람과 사물을 대상으로 지금 당장 행동해야 한다.

부자가 되는 과학 keyword

1 생각을 과학적으로 하는 요소

첫째, 당신이 원하는 것의 이미지를 마음속에 선명하고 명확하게 형성하는 것이다.
둘째, 원하는 것을 얻고자 하는 목적의식을 확고히 하는 것이다.
셋째, 원하는 것은 얻게 된다는 것을 깨닫고 감사와 신념을 가지는 것이다.

2 원하는 것이 당신에게 오게 되는 것은 생각을 통해서다. 그러나 그것을 실제로 손에 넣는 것은 행동을 통해서다. 분명한 것은 당신이 취할 행동이 무엇이든, 지금 당장 행동해야 한다는 점이다.

3 당신의 창조적인 충동을 근원 물질에게 주고 난 다음, 주저앉아서 마냥 결과를 기다리지 마라. 그렇게 한다면 당신은 결코 원하는 결과를 얻지 못할 것이다. 지금 당장 행동하라.

4 지금 하고 있는 사업을 하면서 행동하라. 현재의 사업을 더 나은 사업을 시작하기 위한 수단으로 활용하라. 현재의 환경을 좀 더 나은 환경으로 가기 위한 수단으로 활용하라. 확고한 신념과 목적의식을 가지고 맞는 사업을 하고 있는 자신의 이미지를 붙들어라. 그 이미지는 신으로 하여금 올바른 사업이 당신을 향해 다가오도록 일하게 만들 것이다. 특정한 방식으로 행동하라. 그 행동은 당신으로 하여금 그 사업을 향해 나아갈 수 있도록 해줄 것이다.

제12장

효율적으로 행동하라

오늘 해낼 수 있는 일이 있는데 하지 않는다면 그 일에 관한 한 당신은 실패한 것이다. 그리고 그 결과는 당신이 상상하는 것보다 훨씬 더 끔찍할 수도 있다.

절대법칙

12 효율적으로 행동하라

앞에서 말했던 것처럼 당신은 생각을 이용해야 한다. 그리고 지금 있는 자리에서 할 수 있는 일부터 시작해야 한다. 지금 있는 자리에서 할 수 있는 일은 모두 처리해야 한다.

당신은 현재 있는 위치보다 더 크게 됨으로써만 발전할 수 있다. 현재 위치에서 할 수 있는 일 중에 끝마치지 않고 남겨두는 일이 있는 사람은 어느 누구도 현재 위치보다 더 크게 될 수 없다.

세상은 현재 위치를 채우는 것 이상을 하는 사람들에 의해서만 발전된다.

현재 위치에서 해야 할 일을 다 하는 사람이 아무도 없다면 틀림없이 퇴보하고 말 것이다. 자신의 현재 위치를 채우지 못하는 사람들은 사회와 정부와 상업과 산업 전반에 엄청난 짐이 된다. 다른 사람들이 막대한 비용을 지불하고 그들을 함께 이끌고 가야 하기 때문이다. 현재 자신의 위치에서 해야 할 일을 제대로 못하는 사람들 때문에 세상의 발전이 늦어진다. 그들은 구시대, 저급한 단계의 삶에 속한 사람들이며 퇴보하는 경향이 있다. 모든 사람이 자신의 자리를 제대로 채우지 못한다면 사회는 발전할 수가 없다. 사회의 진화는 물리적이고 정신적인 진화의 법칙에 따르기 때문이다. 동물의 세계에서도 진화는 생명력이 넘쳐남으로써 유발된다.

하나의 유기체가 현재 차원의 기능을 통해 표현할 수 있는 것보다 더 많은 생명력을 갖고 있다면, 그것은 더 높은 차원의 기관을 가진 유기체로 발전할 것이며 새로운 종족의 기원이 된다.

현재 위치를 채우고도 남는 생명력을 가진 유기체들이 없었다면, 새로운 종은 결코 생겨나지 못했을 것이다. 이 법칙은 당신에게도 똑같이 적용된다. 당신이 부자가 되는 것은 이 원칙을 당신이 하는 일에 적용을 하느냐 아니냐에 달려 있다.

하루하루는 성공적인 날이거나 아니면 실패하는 날이거나 둘 중의 하나이다. 그리고 성공하는 날에 당신은 원하는 것을 얻는다. 만약 하루하루가 매일 실패하는 날이라면 당신은 절대로 부자가 될 수 없다. 반면에 매일 성공하는 날이라면 당신은 부자가 되지 않을 수 없을 것이다.

오늘 해낼 수 있는 일이 있는데 하지 않는다면, 그 일에 관한 한 당신은 실패한 것이다. 그리고 그 결과는 당신이 상상하는 것보다 훨씬 더 끔찍할 수도 있다.

아주 사소한 행동일지라도 그 행동이 어떤 결과를 초래할지는 아무도 미리 예측할 수 없다. 당신을 위해서 움직이고 있던 모든 힘들이 어떻게 작용하는지 당신은 알지 못하기 때문이다. 사실 당신의 간단한 행위 하나에 따라서 많은 것이 달라질 수 있다. 그 간단한 행위가 아주 엄청난 가능성으로 들어가는 기회의 문을 열어주는 것일 수도 있기 때문이다. 사물과 인간사가 복잡하게 얽힌 이 세상에서 신의 지성이 당신을 위해서 무엇을 조합하여 어떤 일을 하고 있는지 당신은 절대로 다 알 수 없다. 당신이 아주 작은 일 하나를 하지 않거나 혹은 나태하게 한 것 때문에 원하는 것을 얻는 데 걸리는 시간이 엄청나게 지연될 수도 있는 것이다.

그러므로 그날 할 수 있는 일은 모두 그날 하라. 그러나 그렇게 하는 데 있어서 제약이 있을 수도 있고 또 갖추어야 하는 자격이 있을 수 있다는 점을 반드시 고려해야 한다.

아주 짧은 시간 안에 가능한 한 많은 일을 해내기 위해서 맹목적으로 사업에 달려들거나, 지나치게 과하게 일을 하려고 해서는 안 된다.

또한 내일 할 일을 오늘 하려고 해서도 안 되며 일주일 동안 해야 할 일을 하루에 다 하려고 해서도 안 된다.

당신이 하는 일의 양이 중요한 것은 결코 아니다. 중요한 것은 각각의 행동을 얼마나 효율적으로 하느냐이다.

모든 행동은 그 자체로서 성공이나 실패, 둘 중 하나다.

모든 행동은 효율적이거나 비효율적이거나, 둘 중 하나다.

비효율적인 행동은 모두가 실패한 것이다. 만약 비효율적인 행동을 하면서 인생을 보낸다면 당신의 인생 전체가 실패작이 될 것이다.

당신의 모든 행동이 비효율적인 것이라면, 당신이 하는 일이 많으면 많을수록 당신에게 더욱 더 해로울 뿐이다.

반면에 효율적인 행동은 모두가 그 자체로서 성공적인 것이다. 당신이 살면서 하는 행동 모두가 효율적인 것이라면 당신의 인생 전체는 틀림없이 성공적인 것이 된다.

실패의 원인은 비효율적인 방법으로 너무 많은 일을 하는 반면, 효율적인 방법으로 충분히 많은 일을 하지 않는 데 있다.

비효율적인 행동을 하지 않으면서 효율적인 행동을 충분히 많이 한다면 당신은 부자가 될 것이다. 그것은 너무나 자명한 이치이다. 그러므로 만약 모든 행동을 효율적으로 할 수 있게 된다면 부자가 되는 것은 수학처럼 정확한 과학으로 압축된다는 것 역시 알 수 있을 것이다.

그렇다면 이제 문제는 각각의 행동을 성공적인 것으로 만들 수 있느냐 없느냐로 귀결된다. 그러나 당신은 분명히 그렇게 할 수 있다.

당신은 행동 하나하나를 성공으로 만들 수 있다. 절대적인 힘이 당신과 함께 일하고 있으며, 그 힘은 절대로 실패할 수 없기 때문이다.

당신은 그 힘을 마음껏 사용할 수 있다. 그리고 각각의 행동을 성공으로 만들기 위해 그 힘을 각각의 행동에 적용하기만 하면 된다.

모든 행동은 강하거나 약하거나 둘 중 하나다. 만약 모든 행동이 강하다면, 당신은 부자가 될 특정한 방식으로 행동하고 있는 것이다.

모든 행동은 그 행동을 하는 동안 비전을 붙들고, 신념과 목적의식을 가지고 전력투구한다면 강하고 효율적인 것이 될 수 있다.

정신력과 행동을 분리하는 사람들이 실패하는 것이 바로 이 시점이다. 그런 사람들은 한 시점, 한 장소에서 정신력을 사용한다. 그런데 행동은 다른 시점, 다른 장소에서 한다. 그러므로 그들의 행동은 성공적이지 않다. 따라서 너무 많은 행동들이 비효율적인 것이 된다. 그러나 모든 행동 안에 절대적인 힘이 들어간다면, 그 행동이 아무리 평범한 것이라 해도 모든 행동은 그 자체로 성공이 될 것이다. 성공을 거둘 때마다 또 다른 성공으로 향하는 문을 열어주는 것이 사물의 이치이다. 이런 사물의 이치에 의해서 당신이 원하는 것을 향해 나아가는 속도와 당신이 원하는 것이 당신을 향해 다가오는 속도는 점점 더 빨라질 것이다.

성공적인 행동의 결과는 눈 덩이처럼 불어난다는 사실을 명심하라. 더욱 충만한 삶을 살고자 하는 갈망은 모든 사물 안에 내재되어 있기 때문에, 한 사람이 더욱 향상된 삶을 향해 움직이기 시작하면 더욱 많은 사물들이 그의 곁으로 오게 될 것이며 그의 갈망이 미치는 영향력은 더욱 더 증폭되기 때문이다.

그날 할 수 있는 일을 매일 모두 다 하라. 그리고 효율적인 방법으로 각각의 행동을 수행하라.

아무리 사소하고 대수롭지 않은 일을 한다 해도 그 일을 하는 동안 반드시 비전을 붙들고 있어야 한다는 말은 그 비전의 아주 세세한 부분까지 항상 명확하게 보고 있어야 한다는 뜻은 아니다. 상상력을 사용하여 비전의 상세한 부분을 그려 보고 기억 속에 확고하게 자리 잡을 때까지 심사숙고하는 것은 여가 시간에 해야 한다. 만약 결과를 신속하게 얻고 싶다면 여가 시간이 날 때마다 그렇게 하면서 보내라.

지속적으로 심사숙고함으로써 당신은 원하는 것의 이미지를 아주 상세한 부분까지 모두 형성하게 될 것이며, 그 이미지는 당신의 머릿속에 확고하게 자리를 잡게 되고, 또 무형의 근원 물질에게 완벽하게 전달될 것이다. 그래서 일하는 동안은 신념과 목표를 자극하고 최선을 다하기 위해서 정신적으로 그 이미지를 참고하기만 하면 된다. 원하는 것의 이미지가 의식을 가득 채워서 언제든 그 이미지를 볼 수 있도록 여가 시간에 그 이미지에 대해서 깊이 숙고하라. 당신은 그 이미지가 주는 미래에 대한 긍정적인 약속에 사로잡히게 될 것이며, 그것을 생각하기만 해도 온 몸에 강력한 에너지가 용솟음치게 될 것이다.

다시 한 번 우리가 이제까지 정리했던 원칙들을 반복해 보자. 마지막 부분을 조금 수정하기만 하면 우리가 방금 도달한 결론을 추가할 수 있을 것이다.

모든 사물들의 근원이 되는, 생각하는 근원 물질이 존재한다. 이 물질은 원형의 상태에서 우주의 모든 공간으로 파고들어 침투하여 그 공간을 채운다.

이 근원 물질 속에 있는 생각은 그것이 떠올리는 이미지를 가진 사물을 만들어낸다.

사람은 사물들의 형체를 생각해낼 수 있으며 그 생각을 무형의 근원 물질에게 각인시킴으로써 그가 생각하는 사물이 창조되도록 유발할 수 있다.

그렇게 하기 위해서는 경쟁적인 심리에서 벗어나 창조적인 심리로 전환해야 한다. 원하는 것들의 이미지를, 즉 비전을 마음속에 선명하게 형성해야 한다. 그리고 신념과 목적의식을 가지고 그날 하루에 할 수 있는 일은 그날 다 하되, 각각의 일을 효율적인 방식으로 해야 한다.

부자가 되는 과학 keyword

1 오늘 해낼 수 있는 일이 있는데 하지 않는다면 그 일에 관한 한 당신은 실패한 것이다. 그리고 그 결과는 당신이 상상하는 것보다 훨씬 더 끔찍할 수도 있다.

2 당신이 하는 일의 양이 중요한 것은 결코 아니다. 중요한 것은 각각의 행동을 얼마나 효율적으로 하느냐이다.

3 비효율적인 행동을 하지 않으면서 효율적인 행동을 많이 한다면 당신은 부자가 될 것이다. 만약 모든 행동을 효율적으로 할 수 있게 된다면 부자가 되는 것은 수학처럼 정확한 과학이 된다.

4 모든 행동 안에 절대적인 힘이 들어간다면, 그 행동이 아무리 평범한 것이라 해도 모든 행동은 그 자체로 성공이 될 것이다. 성공을 거둘 때마다 또 다른 성공으로 향하는 문을 열어 주는 것이 사물의 이치이다. 이런 사물의 이치에 의해서 당신이 원하는 것을 향해 나아가는 속도와 당신이 원하는 것이 당신을 향해 다가오는 속도는 점점 더 빨라질 것이다.

5 그날 할 수 있는 일을 매일 모두 다 하라. 그리고 효율적인 방법으로 각각의 행동을 수행하라.

제13장

당신에게 맞는 일을 하라

모든 여건이 동일할 때는 당신이 가장 뛰어난 재능을 보이는 사업 분야를 선택하는 것이 최선이다. 그러나 만약 당신이 어느 특정한 사업을 하고자 하는 강한 갈망이 있다면 그 사업을 당신의 궁극적인 목표로 선택해야 한다.

절대법칙

13 당신에게 맞는 일을 하라

어떤 사업을 해서 성공을 거두느냐 아니냐는 일차적으로 당신이 그 사업 분야에서 요구되는 능력을 잘 발달시켜 놓았느냐의 여부에 달려 있다.

훌륭한 음악적인 재능이 없으면 어느 누구도 음악 교사로 성공할 수 없다. 기계를 다루는 능력이 잘 발달되어 있지 않으면 어느 누구도 기계 관련 사업에서 크게 성공할 수 없다. 상업적인 요령과 기술이 없으면 어느 누구도 상업을 해서 성공할 수 없다. 그러나 특정한 직업에서 요구되는 능력을 습득하고 계발한다고 해서 반드시 부자가 된다는 보장은 없다. 탁월한 재능을 가졌지만 여전히 가난하게 사는 음악가들이 있다. 대장장이나 목수 중에서 뛰어난 기술을 갖고 있으면서도 부자가 되지 못하는 사람들이 있다. 사람들을 다루는 재주가 뛰어남에도 실패를 거듭하는 상인도 있다.

여러 다양한 재주는 도구이다. 좋은 도구를 갖고 있는 것은 필수적인 것이다. 그러나 그 도구들을 올바른 방식으로 사용하는 것 역시 필수적이다. 어떤 사람은 잘 드는 톱과 자와 좋은 대패를 가지고 멋진 가구를 만들어낼 수 있다. 그런데 똑같은 연장을 가지고 똑같은 가구를 만들어내려 해도, 어떤 사람은 형편없는 수준의 가구를 만들어낸다. 이 사람은 좋은 연장을 성공적인 방식으로 사용하는 법을 모르는 것이다.

당신이 갖고 있는 여러 다양한 재능은 당신을 부자로 만들어 줄 일을 하는 데 사용해야 할 연장이다. 당신이 적당한 정신적인 도구, 즉 알맞은 재능을 잘 갖추고 있는 사업 분야에 뛰어들면 성공하기가 그만큼 더 쉬워질 것이다.

일반적으로 당신의 재능 중에서 가장 뛰어난 재능을 사용할 수 있는 사업, 즉 당신이 타고난 재능이 '최고로 안성맞춤인' 사업을 하면 가장 성공할 것이다. 그러나 이 말에도 허점이 있다. 어느 누구도 자신이 갖고 있는 직업을, 타고난 성향에 의해서 정해진 것이며 결코 바꿀 수 없는 것으로 여겨서는 안 된다는 점이 그것이다.

당신은 어떤 사업을 해도 부자가 될 수 있다. 만약 그 사업에 적합한 재능을 갖고 있지 않다면 계발하면 되기 때문이다. 즉, 타고난 재능을 사용할 수 있는 사업에 자신을 국한시키지 말고, 사업을 하면서 그런 재능을 만들어가야 한다는 뜻이다. 이미 잘 계발된 재능에 적합한 사업을 하면 성공하기가 훨씬 더 쉬워질 것이다. 그러나 당신은 어떤 직업을 선택해도 성공할 수 있다. 그 분야에 기본적으로 필요한 재능을 계발할 수 있으며, 또한 어떤 재능이라고 해도 적어도 기본적인 것은 갖추고 있기 때문이다.

노력이라는 측면에서 보자면, 가장 재능이 있는 일을 할 때 당신은 가장 쉽게 부자가 될 것이다. 그러나 만족도라는 면에서 보면, 당신이 원하는 일을 해서 부자가 될 때 가장 만족스러울 것이다.

하고 싶은 일을 하면서 사는 것이 삶다운 삶이다. 우리가 하고 싶지 않은 일을 억지로 영원히 해야 하고, 하고 싶은 일은 결코 할 수 없다면 삶에서 진정한 만족감을 얻을 수 없다. 그런데 당신은 원하는 일을 분명히 할 수 있다. 그 일을 하고 싫어 하는 욕망이 있다는 것은 당신이 그것을 할 수 있는 능력을 갖고 있다는 증거이기 때문이다.

욕망은 능력의 표현이다.

음악을 연주하고 싶은 욕망은 음악을 통해서 스스로를 표현하고 발전시키고자 하는 능력의 발로다. 기계를 발명하고 싶은 욕망은 스스로를 표현하고 발전시키고자 하는 기계적인 재능의 발로다.

발달된 것이든, 아직 발달이 안 된 것이든 무언가를 할 수 있는 능력이 없으면 그것을 하고자 하는 욕망도 없는 법이다. 반면에 무언가를 하고자 하는 욕망이 강할 때는 그것을 할 수 있는 능력 역시 강하다는 확실한 증거이며, 그 능력을 옳은 방식으로 발달시키고 사용하기만 하면 된다.

모든 여건이 동일할 때는 당신이 가장 뛰어난 재능을 보이는 사업 분야를 선택하는 것이 최선이다. 그러나 만약 당신이 어느 특정한 사업을 하고자 하는 강한 갈망이 있다면 그 사업을 당신의 궁극적인 목표로 선택해야 한다.

당신은 하고 싶은 일을 할 수 있다. 그리고 당신의 적성에 가장 잘 맞고, 가장 즐겁게 할 수 있는 사업이나 직장을 추구하는 것은 당신의 권리이며 특권이다.

당신이 하고 싶지 않은 일을 해야 할 의무는 없다. 그 일이 당신이 원하는 것을 궁극적으로 할 수 있게 해 주는 수단일 경우를 제외하고는 그 일을 해서는 안 된다.

만약 과거의 실수로 인해서 바라지 않던 사업이나 환경에 처하게 되었다면, 당신은 한동안 원하지 않는 일을 해야 할 수도 있다. 그러나 그 일이 결국은 당신이 원하는 일을 할 수 있게 해줄 것이라는 사실을 알고 있다면 즐겁게 그 일을 할 수 있을 것이다.

만약 당신과 맞지 않는 직업을 갖고 있다고 느낀다 해도 너무 성급하게 다른 직장을 구하려는 시도를 하지 마라. 일반적으로 일이나 환경을 바꾸는 최선의 방법은 성장이다.

만약 기회가 주어지고, 신중하게 심사숙고한 후에 그 기회가 올바른 것이라고 느낀다면 갑작스럽게 급격한 변화를 갖는 것을 두려워하지 마라. 그러나 변화를 주는 것이 과연 지혜로운 것인가 하는 의문이 생긴다면 절대로 성급하고 단호하게 행동을 취하지 마라.

창조적인 차원에서는 결코 서두를 이유가 없다. 창조적인 차원에서는 기회가 부족한 경우란 결코 없기 때문이다.

경쟁적인 심리에서 벗어난다면 당신은 성급하게 행동할 필요가 전혀 없다는 것을 이해하게 될 것이다. 어느 누구도 당신을 이기고 당신이 원하는 일을 하지 못하게 만들지 않을 것이다. 기회는 모두에게 돌아갈 만큼 충분히 많기 때문이다. 만약 누군가가 자리를 차지한다면 머지않아 당신에게 더 좋은 자리가 생길 것이다. 시간은 충분하다. 만약 의문이 생긴다면 기다려라. 다시 한 번 당신의 비전에 대해서 깊이 생각하면서 신념과 목적의식을 더욱 확고히 하라. 의혹이 일고 결정을 내리기가 어려울 때일수록 더욱 감사하라.

하루나 이틀 동안 당신이 원하는 비전에 대해서 깊이 생각하고 그 비전을 이룰 것이라는 사실에 진심으로 감사하라. 그러면 신과 당신은 아주 친밀한 관계를 갖게 될 것이며 실제로 행동을 시작했을 때 결코 실수하지 않게 될 것이다.

알아야 하는 모든 것에 대해서 알고 있는 정신이 존재한다. 만약 마음으로부터 깊이 감사한다면 당신은 삶을 향상시키려는 목표와 신념을 가지고 그 정신과 합쳐질 수 있게 될 것이다.

성급하게 행동하거나, 의심하고 두려워하면서 행동하거나, 혹은 모든 사람이 공평하게 더욱 충만한 삶을 누릴 수 있다는 진리를 잊어버릴 때 실수하게 된다.

당신이 특정한 방식으로 계속 일을 해 나간다면 점점 더 많은 기회가 당신에게 주어질 것이다. 그러므로 신념과 목적의식을 확고히 하고 진심으로 감사하며 신과 친밀한 관계를 유지할 필요가 있다.

그날 할 수 있는 일을 매일 완벽하게 모두 처리하라. 그러나 서두르거나 걱정하거나 두려워하지 말고 하라. 당신이 할 수 있는 만큼 빨리 일을 하지만 결코 서두르지 마라.

서두르기 시작하는 순간 당신은 더 이상 창조자가 아니고 경쟁자가 된다는 사실을 명심하라. 당신은 다시 옛날 차원으로 퇴보하는 것이다.

자신이 서두르고 있다는 사실을 알게 될 때면 반드시 잠시 쉬어라. 당신이 원하는 것의 마음 속 이미지에 주의를 집중하고 그것을 얻게 될 것이라는 사실에 감사하기 시작하라. 감사하면 반드시 당신의 신념은 더욱 강해지고 목적의식이 새로워질 것이다.

부자가 되는 과학 keyword

1 당신의 재능 중에서 가장 뛰어난 재능을 사용할 수 있는 사업, 즉 당신이 타고난 재능이 '최고로 안성맞춤인' 사업을 하면 가장 성공할 것이다.

2 모든 여건이 동일할 때는 당신이 가장 뛰어난 재능을 보이는 사업 분야를 선택하는 것이 최선이다. 그러나 만약 당신이 어느 특정한 사업을 하고자 하는 강한 갈망이 있다면 그 사업을 당신의 궁극적인 목표로 선택해야 한다.

3 만약 누군가가 자리를 차지한다면 머지않아 당신에게 더 좋은 자리가 생길 것이다. 시간은 충분하다. 만약 의문이 생긴다면 기다려라. 다시 한 번 당신의 비전에 대해서 깊이 생각하면서 신념과 목적의식을 더욱 확고히 하라. 의혹이 일고 결정을 내리기가 어려울 때일수록 더욱 감사하라.

4 당신이 특정한 방식으로 계속 일을 해 나간다면 점점 더 많은 기회가 당신에게 주어질 것이다. 그러므로 신념과 목적의식을 확고히 하고 진심으로 감사하며 신과 친밀한 관계를 유지할 필요가 있다.

제14장

진화한다는 인상을 주어라

당신이 하는 모든 일에서 발전한다는 인상을 줄 수 있게 하라. 모든 사람이 당신은 발전하는 사람이며 당신과 거래하는 모든 사람을 발전시켜주는 사람이라는 인상을 받도록 하라.

절대법칙

14 진화한다는 인상을 주어라

직업을 바꾸든 안 바꾸든, 당신의 현재 행동은 지금 하고 있는 사업과 관련된 것이어야 한다.

당신이 이미 확고하게 자리를 잡아 놓은 사업을 건설적으로 이용함으로써 궁극적으로 원하는 사업을 할 수 있게 된다. 즉, 특정한 방식으로 매일 할 일을 함으로써 그렇게 되는 것이다.

현재 사업이 다른 사람과 직접 만나거나 혹은 문서를 통해서 거래를 해야 하는 것이라면, 거래 상대방에게 진화의 이미지를 전달하는 데 가장 역점을 두어야 한다. 사람은 누구나 진화를 추구한다. 그들 안에는 좀 더 풍부한 자기표현을 추구하는 지성적인 근원 물질의 충동이 들어 있는 것이다.

진화에 대한 갈망은 자연 만물 속에 본래부터 내재해 있다. 그것은 우주의 근본적인 충동이다. 인간의 활동은 모두가 다 많은 것을 얻고자 하는 갈망에 기초하고 있다. 사람들은 더 많은 음식, 더 많은 옷, 더 좋은 집, 더 호화로운 생활, 더 아름다운 것, 더 많은 지식, 더 큰 즐거움을 추구한다. 즉, 진화와 더욱 충만한 삶을 갈구하는 것이다.

살아 있는 모든 것은 끊임없는 진보를 필요로 한다. 그래서 생명의 연장이 멈추는 곳에는 당장 해체와 죽음이 찾아온다.

사람은 본능적으로 이 사실을 알기 때문에 영원히 더 많은 것을 추구한다. 이런 영원한 진화의 법칙을 성경에서는 달란트의 비유를 통해서 제시했다. 예수는 더 많은 것을 얻는 사람만이 가진 것을 유지할 수 있으며, 더 많은 것을 얻지 못하는 사람은 그나마 갖고 있는 것마저 빼앗긴다고 했다.

달란트의 비유

어떤 사람이 집을 떠나 여행을 가게 되었다. 그 사람은 하인들을 불러서 재산 관리를 맡겼다. 그는 각자의 능력에 따라 한 하인에게는 다섯 달란트를, 또 다른 하인에게는 두 달란트를, 그리고 또 다른 하인에게는 한 달란트를 맡기고 여행을 떠났

다. 다섯 달란트를 받은 하인은 당장 그 돈을 투자해서 다섯 달란트를 더 벌어들였다. 두 달란트를 받은 하인도 그와 똑같이 두 달란트를 더 벌어들였다. 그런데 한 달란트를 받은 하인은 땅을 파고 주인의 돈을 숨겨 두었다.

오랜 시간이 지난 후 주인이 돌아와서 그들과 정산을 했다. 다섯 달란트를 받았던 하인은 주인에게 다섯 달란트를 더 주면서 말했다.

"주인님께서는 제게 다섯 달란트를 주셨습니다. 그런데 그 다섯 달란트를 가지고 다섯 달란트를 불렸습니다."

그 주인이 대답했다.

"잘 했다. 너는 착하고 충성된 종이로다. 작은 것을 맡겼더니 충실하게 관리했으므로 너에게 더 많은 재산을 맡기겠노라. 이리 와서 나와 함께 즐기자."

이제 두 달란트를 받았던 하인이 들어와서 말했다.

"주인님께서는 제게 두 달란트를 주셨습니다. 보십시오. 여기 제가 두 달란트를 더 남겼습니다."

그러자 주인이 말했다.

"잘 했다, 착하고 충성된 종아. 적은 것을 충실하게 관리했으므로 너에게 더 큰 것을 맡기겠노라. 와서 나와 함께 즐기자."

이제 마지막으로 한 달란트를 받았던 종이 들어와 말했다.

"주인님은 마음이 굳은 사람인 것을 제가 압니다. 주인님은 심지 않은 데서 거두고 씨를 뿌리지 않은 곳에서 모으는 것을 두려워한다는 것을 알기에 나가서 주인님의 돈을 땅에 숨겨 놓았습니다. 보십시오. 여기 주인님의 것이 있습니다."

그러자 주인이 말했다.

"이 악하고 게으른 종아. 내가 심지 않은 데서 거두고 뿌리지 않은 곳에서 모으는 줄로 알았더냐? 그렇다면 너는 내 돈을 대금업자에게 맡겼다가 내가 돌아왔을 때 원금과 함께 이자까지 받게 했었어야 했다. 자, 이제 저 자에게서 있는 돈을 빼앗아 열 달란트 가진 자에게 주어라. 무릇 있는 자는 더욱 많이 받아 더욱 풍성하게 될 것이며 없는 자는 그 가진 것마저 빼앗기리라. 이 쓸모없는 종은 바깥 어두운 곳에 던져 그곳에서 울며 이를 갈게 하리라."

부를 늘리고자 하는 정상적인 욕망은 악하거나 책망할 일이 아니다. 그것은 단지 더욱 풍요로운 삶을 갈망하는 것에 불과하며 성취욕일 뿐이기 때문이다.

그것은 인간의 가장 뿌리 깊은 본능이기 때문에 모든 사람은 그들에게 더욱 충만한 삶을 얻을 수 있는 수단을 제공하는 사람에게 이끌리게 되어 있다.

앞장에서 묘사한 특정한 방식을 따름으로써 당신은 당신 자신을 위해서 지속적으로 진화를 이루어 나갈 뿐만 아니라 당신과 거래하는 모든 사람들도 삶이 진화할 수 있게 해 준다.

당신은 창조의 중심이며 그곳에서부터 모든 사람들의 삶의 진화가 시작된다. 이 사실에 확신을 가지고 남녀노소를 막론하고 당신과 만나게 되는 모든 사람에게 당신의 확신을 전하라. 어린 아이에게 막대 사탕 하나를 파는 것과 같이 아무리 사소한 거래를 할 때에라도 그 거래 속에 삶이 진화한다는 생각을 담아라. 그리고 당신의 그 생각이 고객에게 인상 깊게 남게 하라.

당신이 하는 모든 일에서 발전한다는 인상을 줄 수 있게 하라. 모든 사람이 당신은 발전하는 사람이며, 당신과 거래하는 모든 사람을 발전시켜주는 사람이라는 인상을 받도록 하라. 사업상으로가 아닌 단순히 사교로 만나는 사람에게조차도, 그리고 당신의 영업 행위의 대상이 아닌 사람에게조차도 발전의 사고를 전해 주어라.

당신은 당신 자신의 삶이 발전하고 있다는 확고한 믿음을 갖고 있음으로써 상대에게 그런 인상을 심어줄 수 있다. 즉, 그것은 당신의 모든 행동이 이런 믿음에서 유발되고 이런 믿음으로 가득 차 있어야 가능하다.

당신이 발전 지향적인 성품이며 모든 사람들에게 발전을 가져다주는 사람이라는 확신을 가지고 매사에 임하라.

당신이 부자가 되고 있다고 느껴라. 또한 그렇게 함으로써 다른 사람들을 부자로 만들어주고 있으며, 모든 사람들에게 혜택이 돌아가게 해 주고 있다고 느껴라.

당신의 성공을 자랑하거나 떠벌리지 마라. 불필요하게 당신의 성공에 대해서 이야기하지 마라. 진실한 믿음은 절대로 허풍을 떨지 않는 법이다.

허풍떠는 사람은 사실은 남몰래 마음속에 의혹을 품고 두려워하는 사람이다. 단순하게 믿음을 가져라. 그리고 그 믿음이 당신이 하는 모든 거래를 이루어가도록 하라. 모든 행위와 어조와 표정에서 당신이 부자가 되어가고 있다는, 즉 이미 부자라는 조용한 자신감이 표출되게 하라. 이런 느낌을 다른 사람들에게 전달할 때 말은 필요하지 않다. 사람들은 당신과 함께 있으면 당신의 삶이 발전한다는 느낌을 갖게 될 것이며 당신에게 또 다시 이끌리게 될 것이다.

당신은 다른 사람들에게 깊은 인상을 심어 주어야 한다. 그래서 상대방이 당신과 어울림으로써 그들 역시 그들의 삶을 발전시키게 될 것이라는 느낌을 갖게 해야 한다. 당신이 그들에게서 받는 현금 가치보다 더 큰 효용 가치를 반드시 그들에게 주도록 하라.

그렇게 하면서 긍지를 가져라. 그리고 모든 사람들이 그 사실을 알게 하라. 그러면 당신에게는 고객이 끊이지 않을 것이다. 사람들은 자신의 삶을 발전시켜주는 곳으로 가게 마련이다. 그리고 모든 것이 진화하기를 갈망하고, 모든 것을 알고 있는 신은 당신에 대해서 전혀 알지 못하고 있던 사람들을 당신을 향해 다가오게 만들어줄 것이다. 당신의 사업은 빠르게 팽창할 것이다. 예상치도 못했던 혜택들이 당신에게 주어지는 것을 보고 놀라게 될 것이다. 당신은 매일 하루가 다르게 사업을 확장시켜 나가고, 더욱 큰 이익을 누리게 될 것이며, 당신이 원한다면 더욱 적합한 일로 이동해갈 수 있게 될 것이다.

그러나 이 모든 것을 함에 있어서 원하는 것에 대한 비전이나, 원하는 것을 얻는다는 신념이나 목적의식을 절대로 잃어버려서는 안 된다.

이 시점에서 행동의 동기와 관련해서 한 가지 더 주의를 주고자 한다.

다른 사람들 위에 군림하고자 하는 은밀한 유혹을 조심하라.

아직 정신적으로 성숙되어 있지 않거나 발전이 덜 된 사람에게는, 다른 사람들 위에 군림하거나 권력을 휘두르는 것보다 더 즐거운 일은 없다. 개인적인 만족감을 얻기 위해 다른 사람을 지배하고자 하는 욕망은 세상에게는 저주가 되어 왔다. 과거 수많은 세월을 거쳐 왕과 군주들은 그들의 영역을 확장시키기 위해 전쟁을 벌이면서 피로 땅을 물들게 했다. 그것은 모든 사람들이 더 충만한 삶을 누리게 하기 위해서가 아니라 그들의 권력을 더욱 강화시키기 위한 것에 불과했다.

오늘 날 기업과 산업계에서도 사람들의 주된 행동 동기는 동일하다. 그들은 돈을 무기로 휘두르면서 다른 사람들 위에 군림하기 위해 옛날과 똑같은 정신 나간 투쟁을 벌이며 수많은 사람들의 삶과 마음을 황폐하게 만들어 놓는다. 정치적인 군주와 똑같이 사업계의 군주들도 권력에 대한 욕망에 이끌려가고 있는 것이다.

예수는 이런 지배욕 안에는 그가 뒤집어놓고자 했던 악한 세상을 움직이는 추진력이 있음을 알았다. 마태복음 23장을 읽어 보라. 그 장에서 '주인'이라 불리고, 높은 자리에 앉고 싶어 하고, 다른 사람들을 지배하려 하고, 힘없는 사람들의 어깨 위에 무거운 짐을 지우려고 하는 바리새인들의 욕망을 예수가 어떻게 묘사하고 있는지 보라. 그리고 예수가 그의 제자들에게 이 지배욕을 공동체의 유익을 추구하는 형제애와 어떻게 비교하고 있는가를 주목하여 보라.

권력에 대한 유혹, '주인'이 되고자 하는 유혹, 보통 사람들보다 우월한 사람으로 여겨지고 싶은 유혹, 다른 사람들에게 가진 것을 자랑하고 싶은 유혹을 조심하라.

다른 사람을 지배하려는 사람은 경쟁적인 사람이다. 그리고 경쟁적인 사람은 창조적인 사람이 아니다. 환경과 운명을 지배하기 위해서 같은 사람들을 지배해야 할 필요는 전혀 없다. 높은 지위를 차지하려는 세상의 투쟁에 휩쓸리는 순간, 당신은 운명과 환경에게 정복을 당하기 시작하는 것이며 부자가 되는 것은 운과 투기의 문제가 되어 버린다.

경쟁심을 경계하라! 톨레도의 고 황금률 존스사무엘 밀톤 존스, 일명 "황금률 존스"라고 불렸던 존스는 1846년에 태어나 1904년에 죽었다. 1897년부터 1904년까지 미국 오하이오 주의 톨레도 시의 시장으로 재직했으며 재임 중 사망했다. 그는 황금률을 옹호했던 것으로 유명하며 그로 인해서 "황금률 존스"라는 별명을 갖게 되었다.(출처: 위키피디아 인터넷 무료 백과사전)가 즐겨 외쳤던 "내가 갖고 싶은 것을 다른 사람들 역시 갖게 되기를 나는 원한다."라는 말만큼 창조적인 행위의 원칙을 잘 표현한 것은 없다.

부자가 되는 과학 keyword

1 당신은 창조의 중심이며 그곳에서부터 모든 사람들의 삶의 발전이 시작된다. 이 사실에 확신을 가지고 남녀노소를 막론하고 당신과 만나게 되는 모든 사람에게 당신의 확신을 전하라.

2 당신이 하는 모든 일에서 발전한다는 인상을 줄 수 있게 하라. 모든 사람이 당신은 발전하는 사람이며 당신과 거래하는 모든 사람을 발전시켜주는 사람이라는 인상을 받도록 하라.

3 당신이 부자가 되고 있다고 느껴라. 또한 그렇게 함으로써 다른 사람들을 부자로 만들어주고 있으며 모든 사람들에게 혜택이 돌아가게 해주고 있다고 느껴라.

4 당신은 다른 사람들에게 깊은 인상을 심어 주어야 한다. 그래서 상대방이 당신과 어울림으로써 그들 역시 그들의 삶을 발전시키게 될 것이라는 느낌을 갖게 해야 한다. 당신이 그들에게서 받는 현금 가치보다 더 큰 효용 가치를 반드시 그들에게 주도록 하라.

5 권력에 대한 유혹, "주인"이 되고자 하는 유혹, 보통 사람들보다 우월한 사람으로 여겨지고 싶은 유혹, 다른 사람들에게 가진 것을 자랑하고 싶은 유혹을 조심하라.

제15장

발전하는 사람

이 책에서 제시한 지침들을 꾸준히, 끈질기게, 성실하게 말 그대로 따라하는 사람은 남녀를 막론하고 누구나 부자가 될 것이다. 삶을 발전시키는 법칙은 중력의 법칙만큼이나 수학적으로 정확한 것이다. 즉, 부자가 되는 것은 정확한 과학인 것이다.

절대법칙
15 발전하는 사람

앞 장에서 내가 말했던 내용은 상업에 종사하는 사람뿐만 아니라 전문직에 종사하는 사람이나 월급쟁이에게도 똑같이 적용된다.

당신이 의사이든, 교사이든, 성직자이든 상관없이 다른 사람들의 삶을 발전시켜주거나 그들에게 그 사실을 인식시킬 수 있다면 그들은 당신에게 이끌릴 것이며 당신은 부자가 될 것이다. 자신이 위대하고 성공적인 치료자라는 비전을 갖고 있으며, 이전 여러 장에서 언급했던 것처럼 신념과 목표를 가지고 그 비전을 완벽하게 실현하기 위해 일하는 의사는, 생명의 근원이 되는 존재와 아주 밀접하게 교류하게 될 것이기 때문에 경이적인 성공을 거두게 될 것이며 환자들이 떼를 지어 그에게로 몰려올 것이다.

의술을 펼치는 사람보다 이 책의 가르침을 실행에 옮길 더 좋은 기회를 갖고 있는 사람은 아무도 없다. 그가 어느 과에 속해 있는가는 중요하지 않다. 치료의 원칙은 의사들 모두에게 공통적이며 모두에게 다 똑같이 적용될 수 있기 때문이다. 의료계에서 발전하는 사람, 즉 성공적인 자신의 이미지를 마음속에 선명하게 담고 있으며 신념과 목표와 감사의 법칙을 그대로 따르는 사람은, 어떤 치료법을 사용하든 상관없이 치료할 수 있는 환자는 모두 다 고쳐줄 것이다.

종교계를 보자. 세상은 더욱 풍요로운 삶의 진정한 과학을 가르쳐줄 수 있는 성직자를 목마르게 갈망하고 있다. 잘 살고, 위대해지고, 사랑을 얻는 종합적인 과학과 함께 부자가 되는 과학에 대해서 상세한 부분까지 터득하고 그런 과학을 신도들에게 구체적으로 가르쳐주는 성직자는 절대로 신자가 모자라는 일은 없을 것이다. 이것이야말로 세상이 필요로 하는 복음이다. 그 복음은 삶을 향상시켜줄 것이며 사람들은 즐거이 그 복음을 들을 것이며 그 복음을 전해주는 사람을 아낌없이 지원해줄 것이다.

지금 필요한 것은 연단에서 삶의 과학을 신자들에게 보여주는 것이다. 우리는 방법을 말해줄 수 있을 뿐만 아니라 그의 인격과 삶을 통해서 그 방법을 우리에게 보여줄 수 있는 성직자를 원한다. 우리는 부유하고 건강하고 위대하고 사랑받는 성직자를 필요로 한다. 우리에게 그런 것들을 얻을 수 있는 방법을 가르쳐 줄 수 있는 성직자를 필요로 한다. 그런 성직자가 나타나면 수많은 사람들이 충직하게 그를 추종할 것이다.

이것은 발전하는 삶에 대한 신념과 목적의식을 가지고 어린이들에게 영감을 불어넣어줄 수 있는 교사의 경우에도 동일하게 적용된다. 그런 교사는 절대로 실직을 하지 않을 것이다. 그리고 이런 신념과 목적의식을 갖고 있는 교사는 학생들에게도 그 신념과 목적의식을 심어줄 수 있다. 교사가 그 신념과 목적의식을 삶의 일부분으로 항상 실천하고 있다면 학생들에게 그것을 전해 주지 않을 수가 없는 것이다.

교사와 성직자와 의사에게 적용이 된다면 그것은 변호사,

치과 의사, 부동산 중개업자, 보험 판매원 등 어느 누구에게나 적용이 된다.

이제까지 내가 설명했던 대로 생각과 행동이 결합된다면 그것은 절대로 실패할 수 없다. 이 책에서 제시한 지침들을 꾸준히, 끈질기게, 성실하게 말 그대로 따라하는 사람은 남녀를 막론하고 누구나 부자가 될 것이다. 삶을 발전시키는 법칙은 중력의 법칙만큼이나 수학적으로 정확한 것이다. 즉, 부자가 되는 것은 정확한 과학인 것이다.

월급쟁이 역시 앞에서 언급한 다른 직종의 사람들만큼이나 이 법칙이 그에게도 적용된다는 것을 알게 될 것이다. 발전할 수 있는 기회가 전혀 보이지 않는 곳이나, 월급은 쥐꼬리이며 생활비는 높은 곳에서 일하고 있기 때문에 부자가 될 수 있는 기회가 전혀 없다고 느끼지 마라. 당신이 원하는 것을 마음속에 선명하게 그리고 나서, 신념과 목적의식을 가지고 행동하기 시작하라.

매일 당신이 할 수 있는 일을 모두 다 수행하라. 그리고 각각의 일을 완벽하게 성공적인 방식으로 수행하라. 어떤 일을 하든지 그 일에 힘을 쏟아라. 부자가 되겠다는 목적의식을 갖고 모든 일을 하라.

단, 상사나 당신보다 직급이 높은 사람이 당신이 일을 잘하는 것을 보고 승진시켜 주겠지 하는 기대를 품고, 윗사람에게 잘 보이려는 목적 하나로 그렇게 하지는 마라. 윗사람은 그렇게 해 주지 않을 가능성이 높다.

가진 능력을 최대한 발휘하며 자기 할 일을 하고 그것에 만족하는 단순히 '좋은' 직원인 사람은 고용주에게는 소중한 존재이다. 그러나 그를 승진시켜주는 것은 고용주에게는 이익이 되지 않는다. 그 직원은 지금 있는 자리에서 더 큰 가치가 있기 때문이다.

승진을 보장받기 위해서는 직책이 요구하는 것보다 더 큰 능력 이상의 무언가가 필요하다. 확실하게 승진할 사람은 그의 직책이 요구하는 것보다 더 큰 능력을 갖고 있는 것 이외에도, 원하는 것에 대한 명확한 비전을 갖고 있는 사람이다. 원하는 것이 될 수 있다는 사실을 확실히 알고 있으며 기필코 그렇게 되고야 말겠다고 굳게 마음먹은 사람인 것이다.

고용주를 기쁘게 하려는 목적 때문에 현재 직책에서 맡겨진 일 이상의 것을 하려고 노력하지 마라. 당신 자신을 발전시키겠다는 의식을 가지고 그렇게 하라. 근무 시간 동안, 근무 시간 이후에, 그리고 근무 시간 이전에도 항상 발전에 대한 목적의식과 신념을 품고 있어라. 팀장이든, 동료 직원이든, 지인이든 당신과 관계를 맺는 사람은 누구나 당신에게서 발산되는 목적의식과 신념의 힘을 느낄 수 있도록 하라. 그래서 모든 사람이 당신에게서 삶의 진화와 발전 지향적인 의식을 느낄 수 있도록 하라. 그렇게 하면 사람들은 당신에게 이끌릴 것이다. 현재 직장에서 발전할 가능성이 전혀 없다면 당신은 조만간 다른 직장을 잡을 기회를 얻게 될 것이다.

특정한 법칙을 그대로 따라 행동하는, 발전하는 사람에게는 반드시 기회를 부여해 주는 어떤 절대적인 힘이 존재한다.

당신이 특정한 방식으로 행동한다면 신은 당신을 도와주지 않을 수 없을 것이다. 자기 자신을 돕기 위해서라도 신은 그렇게 해야 하는 것이다.

당신이 현재 처한 환경이나 직장에 얽매여 있을 이유는 아무 것도 없다. 철강 회사에서 일해서 부자가 될 수 없다면 10 에이커의 농장을 경작해서 부자가 될 수도 있는 것이다. 당신이 특정한 방식으로 움직이기 시작한다면 분명히 철강 회사라는 '족쇄'로부터 도피할 수 있을 것이며, 농장이든 어디든 당신이 원하는 장소로 옮겨가게 될 것이다.

수천 명의 철강 회사 직원들이 특정한 방식으로 행동하기 시작한다면 그 회사는 곧 엄청난 곤경에 처하게 될 것이다. 그 회사는 근로자들에게 좀 더 많은 기회를 제공해 주거나 아니면 폐업을 해야 할 것이다. 어느 누구도 철강 회사에서 일할 의무는 없다. 철강 회사가 그처럼 절망적인 조건에 직원들을 묶어둘 수 있는 것은, 너무나 무지해서 부자가 되는 과학을 모르거나 혹은 지적으로 너무나 나태해서 그 과학을 실천에 옮기지 못하는 사람들이 있을 때에만 가능하다.

이 책에서 제시하는 방법대로 생각하고 행동하기 시작하라. 그러면 당신의 신념과 목적의식은 당신으로 하여금 지금 처지를 개선할 수 있는 기회를 금방 볼 수 있게 해줄 것이다.

또한 그런 기회는 아주 신속하게 올 것이다. 왜냐하면 모든 만물 속에서 일하는 신이 당신을 위해서도 일하고 있으며 당신 앞에 기회를 열어줄 것이기 때문이다.

원하는 것을 전부 다 이룰 수 있는 기회가 올 때까지 기다리지 마라. 지금 현재보다 더 나은 당신이 될 수 있는 기회가 찾아왔고 그 기회를 잡아야한다는 느낌이 든다면 그 기회를 잡아라. 그렇게 한다면 당신은 더 큰 기회를 향한 첫 번째 발걸음을 막 뗀 것이다.

발전하는 삶을 살아가는 사람에게 기회가 부족한 일은 있을 수 없다.

모든 만물은 발전하는 삶을 살아가는 사람을 위해 존재하며 그런 사람의 유익을 위해서 함께 일하게 되어 있는 것이 우주의 내재적인 구조이다. 따라서 특정한 방식으로 생각하고 행동한다면 반드시 부자가 되게 되어 있다. 월급쟁이로 살아가는 사람들에게 이 책을 열심히 공부하고, 확신을 가지고 이 책이 제시하는 행동 방향으로 들어설 것을 권한다. 그러면 절대로 실패하지 않을 것이다.

부자가 되는 과학 keyword

1 이 책에서 제시한 지침들을 꾸준히, 끈질기게, 성실하게 말 그대로 따라하는 사람은 남녀를 막론하고 누구나 부자가 될 것이다. 삶을 발전시키는 법칙은 중력의 법칙만큼이나 수학적으로 정확한 것이다. 즉, 부자가 되는 것은 정확한 과학인 것이다.

2 승진을 보장받기 위해서는 직책이 요구하는 것보다 더 큰 능력이 있는 것 이상의 무언가가 필요하다. 확실하게 승진할 사람은 그의 직책이 요구하는 것보다 더 큰 능력 이외에도, 원하는 것에 대한 명확한 비전을 갖고 있는 사람이다. 원하는 것이 될 수 있다는 사실을 확실히 알고 있으며 기필코 그렇게 되고야 말겠다고 굳게 마음먹은 사람인 것이다.

3 특정한 법칙을 그대로 따라 행동하는, 발전하는 사람에게는 반드시 기회를 부여해 주는 어떤 절대적인 힘이 존재한다. 당신이 특정한 방식으로 행동한다면 신은 당신을 도와주지 않을 수 없을 것이다.

4 이 책에서 제시하는 방법으로 생각하고 행동하기 시작하라. 그러면 당신의 신념과 목적의식은 당신으로 하여금 지금 처지를 개선할 수 있는 기회를 금방 볼 수 있게 해줄 것이다.

제16장

주의사항과 결론

특정한 방식으로 계속 생각하고 행동하라. 그러면 그 사물을 받지 못한다 해도 무언가 그것보다 훨씬 더 좋은 것을 받게 될 것이며, 외형적으로 실패로 보이던 것이 사실은 엄청난 성공이었다는 사실을 알게 될 것이다.

절대법칙

16 주의사항과 결론

부자가 되는 정확한 과학이 있다고 하면 비웃는 사람들이 많을 것이다. 이런 사람들은 부의 양은 제한되어 있다는 개념을 갖고 있기 때문에, 모든 사람은커녕 상당수의 사람들조차 부를 획득하려면 사회와 정부 제도가 먼저 변화되어야 한다고 주장할 것이다. 그러나 이것은 사실이 아니다.

기존의 정부들이 일반 대중을 가난에서 벗어나지 못하게 하고 있는 것은 사실이다. 그러나 그것은 일반 대중이 특정한 방식으로 생각하고 행동하지 않기 때문이다.

일반 대중이 이 책에서 제시한 방법대로 발전해 나가기 시작하면 정부 기관이나 산업체가 그들을 막을 수 없다. 모든 체제는 그들의 발전과 도약에 부응하기 위해서 변화되어야 한다. 만약 사람들이 발전 지향적인 의식을 갖고, 부자가 될 것이라는 신념을 갖고, 부자가 되고야 말겠다는 확고한 목적의식을 가지고 앞으로 나아간다면 그들을 가난 속에 가둬둘 수 있는 것은 아무 것도 없다.

개개인은 어느 때나, 어떤 정부 체제 하에서도 특정한 방식으로 행동하고 생각하기 시작할 수 있으며 부자가 될 수 있다. 어떤 정부 체제하에서도 많은 개인들이 그렇게 할 때 체제의 변화를 일으킬 수 있으며, 그로 인해 다른 사람들에게도 길이 열리게 된다.

경쟁적인 체제에서 부자가 되는 사람이 많으면 많을수록 그 외의 다른 사람들에게는 더욱 해롭다. 반면에 창조적인 체제에서 부자가 되는 사람이 많으면 많을수록 다른 사람들에게는 더욱 유익하다.

대중들이 경제적인 곤란에서 구제를 받을 수 있는 유일한 길은, 많은 사람들이 이 책에서 제시한 과학적인 방법을 실천하여 부자가 되게 하는 것뿐이다. 이들은 다른 사람들에게 방법을 보여줄 것이며, 삶다운 삶을 향한 갈망과 그런 삶을 영위할 수 있다는 신념과 그렇게 살고야 말겠다는 목적의식을 불어넣어줄 것이다.

그러나 현재로서는 현 정부 체제나 자본주의적이고 경쟁적인 산업 체제가 당신이 부자가 되지 못하도록 막을 수는 없다는 사실을 알게 된 것만으로도 충분하다. 창조적인 사고의 단계로 올라서게 되면 당신은 이런 모든 것들을 초월하게 될 것이며 완전히 다른 차원의 세계로 들어서게 될 것이다.

단, 당신의 생각이 반드시 창조적인 차원이어야 한다는 사실을 명심하라. 한 순간도 재화의 공급량이 제한되어 있다는 착각에 빠지거나 경쟁적인 심리를 가지고 행동해서는 안 된다.

당신이 옛날 사고방식으로 다시 돌아갈 때면 언제나 즉시 자신을 바로 잡아라. 경쟁적인 심리를 갖고 있을 때면 당신은 우주 전체의 원형이 되는 정신과 협력하지 못하게 될 것이다.

미래에 발생할 가능성이 있는 비상사태에 대한 대응책을 세우는 데 시간을 보내지 마라. 단, 그에 필요한 대응책이 현재 당신의 행동에 영향을 미칠 수 있는 경우는 제외하라. 오늘 할 일을 완벽하게 성공적인 방식으로 수행하는 데만 신경 써라. 내일 일어날 수 있는 비상사태에 대해서 신경 쓰지 마라. 내일의 비상사태는 내일 대응해도 된다.

당신의 사업 장래를 가로막을 수 있는 장애물을 피하기 위해서 지금 불가피하게 사업 궤도를 변경해야 하는 경우가 아니라면, 그 장애물을 어떻게 극복할 것인지에 대해서 신경 쓰지 마라. 멀리에서 보기에는 장애물이 아무리 엄청나게 커 보여도 특정한 방식을 계속 고수한다면 당신이 장애물에 가까이 다가갈 때 그 장애물이 사라져 버리거나, 아니면 그 장애물을 넘어가거나, 통과해 가거나, 돌아갈 수 있는 길이 나타날 것이다.

철저하게 과학적인 정도를 따라서 부자가 되는 것을 추구하며 나아가는 사람은 어떤 상황이나 처지에서도 좌절되지 않는다. 과학적인 법칙을 철저하게 따르는 사람은 부자가 되는 데 절대로 실패할 수 없다. 그것은 2를 2로 곱했을 때 4라는 답을 얻는 데 실패할 수 없는 것과 같은 이치다.

재앙이나 장애물이나 낭패의 가능성이나 불리한 상황에 대해서 걱정하고 염려하지 마라. 지금 당장 당신 앞에 그런 문제들이 닥칠 때 대처하는 것으로도 충분하다. 또한 모든 어려움은 그것을 극복할 수단을 함께 동반하고 찾아온다는 것을 알게 될 것이다.

말을 조심하라. 당신 자신이나, 당신의 일이나, 어떤 것에 대해서도 비관적으로 말하지 마라.

실패의 가능성을 절대로 인정하지 마라. 또한 실패가 가능하다고 암시하는 말도 하지 마라.

지금이 어려운 시기라는 말을 절대로 하지 마라. 지금 하는 사업 상태가 미심쩍다는 말도 절대로 하지 마라. 경쟁적인 차원에 있는 사람에게는 시기가 어려울 수도 있고 사업 상태가 미심쩍을 수도 있다. 그러나 당신에게는 절대로 그럴 수가 없다. 당신은 원하는 것을 창조할 수 있으며 두려움을 초월해 있다. 다른 사람들이 어려운 시기를 겪고 있고 사업이 잘 되어가지 않고 있을 때 오히려 당신은 가장 큰 기회를 발견하게 될 것이다.

세상을 무언가 전망이 밝고 성장하는 것으로 바라보고 생각하도록 스스로를 훈련하라. 나쁘게 보이는 것은 단지 아직 발달이 덜 된 것으로 여기도록 스스로를 훈련하라. 항상 발전 지향적으로 이야기하라. 그와 반대로 하는 것은 당신의 신념을 부인하는 것이며, 당신의 신념을 부인하는 것은 그것을 잃는 것이다.

절대로 당신 자신이 실망하도록 허용하지 마라. 특정한 사물을 특정한 시기에 갖게 될 것이라고 예상했는데 그 때에 가지지 못하게 될 수도 있다. 그럴 때 그것은 실패처럼 보일 수도 있다. 그러나 신념을 굳건히 붙들고 있으면 실패란 단지 외형에 불과하다는 것을 알게 될 것이다.

특정한 방식으로 계속 생각하고 행동하라. 그러면 그 사물을 받지 못한다 해도 무언가 그것보다 훨씬 더 좋은 것을 받게 될 것이며, 외형적으로 실패로 보이던 것이 사실은 엄청난 성공이었다는 사실을 알게 될 것이다.

이 책이 제시하는 부자가 되는 과학을 공부한 한 학생은 특정한 사업을 시작하기로 마음을 먹었다. 그 당시 그 사업은 몹시 바람직한 것으로 보였으며 그는 몇 주일 동안 사업을 일구려고 일했다. 그런데 결정적인 시기가 다가왔을 때 사업은 도저히 설명할 수 없는 방법으로 실패하고 말았다. 마치 눈에 보이지 않는 어떤 영향력이 몰래 그에게 불리한 방향으로 작용하고 있었던 것처럼 보일 정도였다. 그러나 그는 실망하지 않았다. 실망하기는커녕 그는 그의 갈망이 이루어지지 않은 것에 대해 신에게 감사했으며, 그 감사의 마음을 잃지 않고 꾸준히 일했다. 그로부터 몇 주 후, 처음 사업이 너무나 무색하게 보일 정도로 훨씬 더 좋은 기회가 그에게 찾아 왔다. 그는 그가 알고 있는 것보다 훨씬 더 많은 것을 알고 있는 절대적인 정신이 그로 하여금 더욱 큰 유익을 잃지 않도록 하기 위해서 작은 유익을 가져다 줄 일을 하지 않도록 막아 주었다는 것을 알게 되었다.

신념을 붙들어라. 목적의식을 잃지 마라. 감사하라. 그 날 할 수 있는 일은 그 날 하라. 각각의 행위를 성공적인 방식으로 행하라. 그렇게 하면 외형상 실패로 보이는 것도 반드시 당신에게 더 유익하게 작용하게 될 것이다.

만약 실패한다면 충분히 많은 것을 구하지 않았기 때문이다. 실패에 굴하지 말고 나아가라. 그러면 당신이 구하던 것보다 훨씬 더 큰 것이 분명히 당신에게 다가올 것이다.

명심하라. 당신이 실패하는 것은 하고 싶은 일을 하는 데 필요한 재능이 없기 때문이 아니다. 만약 이 책이 가르쳐준 대로 생각하고 행동한다면, 하고 싶은 일을 행하는 데 필요한 모든 재능을 계발할 수 있게 될 것이다.

재능을 계발하는 과학에 대해서 논하는 것은 이 책의 영역 밖에 속한 것이다. 그러나 그것 역시 부자가 되는 과학만큼이나 간단하고 확실하다.

어떤 특정한 장소에 갔을 때 능력 부족으로 인해서 실패할 것이라는 두려움 때문에 망설이거나 흔들리지 마라. 굴하지 말고 계속 앞으로 나아가라. 그러면 그 장소에 갔을 때 그 능력은 당신에게 주어질 것이다. 제대로 학교 교육을 받지 못한 링컨이 그 어느 누구도 능히 이루어내지 못한 가장 위대한 업적을 정부에서 이루어낼 수 있게 해 주었던 능력의 원천이 동일하게 당신에게도 주어진다. 당신에게 주어진 책임을 다하는 데 필요한 지혜를 얻기 위해 만물 속에 있는 정신을 의지하라. 확고한 신념을 가지고 계속 나아가라.

이 책을 공부하라. 이 안에 담긴 모든 개념을 완전히

당신의 것으로 만들 때까지 항상 곁에 두어라. 신념을 확고하게 세워가는 동안은 유흥이나 놀이를 포기하는 것이 좋을 것이다. 그리고 이 책이 제시한 개념과 상충되는 것을 가르치는 강의나 설교를 하는 장소에는 가까이 가지 않는 것이 좋을 것이다.

비관적인 내용이나 이 책과 상충되는 내용의 서적을 읽지 마라. 이 문제를 놓고 논쟁을 벌이지 마라. 이 책의 서문에서 언급한 저자들의 저서 이외에는 읽지 마라. 비전에 대해서 깊이 생각하고, 감사하는 마음을 키우고, 이 책을 읽는 데 대부분의 여가 시간을 할애하라. 이 책은 부자가 되는 과학에 대해서 알아야 하는 것이 모두 들어 있다. 다음 장에 이제까지 논했던 부자가 되는 과학의 핵심이 요약되어 있다.

부자가 되는 과학 keyword

1 만약 사람들이 발전 지향적인 의식을 갖고, 부자가 될 것이라는 신념을 갖고, 부자가 되고야 말겠다는 확고한 목적의식을 가지고 앞으로 나아간다면 그들을 가난 속에 가둬둘 수 있는 것은 아무 것도 없다.

2 대중들이 경제적인 곤란에서 구제를 받을 수 있는 유일한 길은 많은 사람들이 이 책에서 제시한 과학적인 방법을 실천하게 함으로써 부자가 되게 하는 것뿐이다. 이들은 다른 사람들에게 방법을 보여줄 것이며, 삶다운 삶을 향한 갈망과 그런 삶을 영위할 수 있다는 신념과 그렇게 살고야 말겠다는 목적의식을 불어넣어줄 것이다.

3 창조적인 사고의 단계로 올라서게 되면 당신은 이런 모든 것들을 초월하게 될 것이며 완전히 다른 차원의 세계로 들어서게 될 것이다.

4 말을 조심하라. 당신 자신이나, 당신의 일이나, 어떤 것에 대해서도 비관적으로 말하지 마라. 실패의 가능성을 절대로 인정하지 마라. 또한 실패가 가능하다고 암시하는 말도 하지 마라.

5 특정한 방식으로 계속 생각하고 행동하라. 그러면 그 사물을 받지 못한다 해도 무언가 그것보다 훨씬 더 좋은 것을 받게 될 것이며, 외형적으로 실패로 보이던 것이 사실은 엄청난 성공이었다는 사실을 알게 될 것이다.

6 신념을 붙들어라.
목적의식을 잃지 마라.
감사하라.
그 날 할 수 있는 일은 그 날 하라.
각각의 행위를 성공적인 방식으로 행하라.
그렇게 하면 외형상 실패로 보이는 것도 반드시 당신에게 더 유익하게 작용하게 될 것이다.

7 이 책을 공부하라. 이 안에 담긴 모든 개념을 완전히 당신의 것으로 만들 때까지 항상 곁에 두어라.

제17장

부자가 되는 과학의 핵심

절대법칙 17

부자가 되는 과학의 핵심

모든 사물의 근원이 되는, 생각하는 근원 물질이 존재한다. 이 물질은 원형의 상태에서 우주의 모든 공간으로 파고들어 침투하여 그 공간을 채운다.

이 근원 물질 속에 있는 생각은 그것이 떠올리는 이미지를 가진 사물을 만들어낸다.

사람은 사물들의 형체를 생각해낼 수 있으며 그 생각을 무형의 근원 물질에게 각인시킴으로써 그가 생각하는 사물이 창조되도록 유발할 수 있다.

그렇게 하기 위해서는 경쟁적인 심리에서 벗어나 창조적인 심리로 전환해야 한다. 그렇지 않으면, 항상 창조적이며 절대로 경쟁적이 아닌 무형의 지성과 조화를 이룰 수 없다.

사람은 무형의 근원 물질이 그에게 부여해 주는 축복에 대해서 진심으로 감사함으로써 무형의 근원 물질과 완벽한 조화를 이룰 수 있게 된다.

감사할 때 사람의 정신은 근원 물질의 지성과 하나가 되며 무형의 근원 물질은 사람의 생각을 받아들이게 된다. 사람이 창조적인 차원에 머무를 수 있는 유일한 방법은 이처럼 지속적으로 깊이 감사하는 마음을 통해서 무형의 지성과 결합하는 것뿐이다.

갖고 싶고, 하고 싶고, 되고 싶은 것들의 이미지를 마음속에 선명하고 명확하게 형성해야 한다. 이런 이미지를 생각 속에 담고 있는 한편, 모든 갈망이 이루어질 것이라는 사실에 대해 신에게 깊이 감사해야 한다. 부자가 되고자 하는 사람은 비전에 대해서 깊이 생각하고 그 비전이 실현되고 있다는 사실에 진심으로 감사하는 데 여가 시간을 보내야 한다. 흔들리지 않는 확고한 신념과 깊은 감사와 함께 마음속의 이미지에 대해서 자주 숙고하는 것의 중요성은 아무리 강조해도 지나치지 않다. 바로 이런 과정을 통해서 무형의 근원 물질에게 생각이 각인되고 창조적인 힘이 작동되기 때문이다.

창조적인 에너지는 기존의 자연적인 발달 경로나 산업과 사회 질서를 통해서 작용한다. 확고한 신념을 가지고 이 책에서 이제까지 제시한 지침을 따르는 사람은 마음 속 이미지로 갖고 있는 모든 것들이 틀림없이 이루어질 것이다. 그런 사람은 기존의 상업과 교역 방식을 통해서 원하는 것을 얻게 될 것이다.

행동적이어야 자신의 것이 다가올 때 얻을 수 있게 된다. 이 때 행동은 현재 위치에서 자신이 할 일을 다 하는 것만을 의미하지 않는다. 마음속의 이미지를 실현함으로써 부자가 되겠다는 목표를 항상 염두에 두어야 한다. 그 날 할 수 있는 것을 그 날 다 해야 하며 각각의 행위를 성공적인 방식으로 하려고 노력해야 한다.

거래를 할 때 받은 현금 가치 이상의 효용 가치를 상대방에게 주어야 한다. 그래서 거래를 할 때마다 삶을 더욱 충만하게 만들 수 있어야 한다. 발전 지향적인 사고를 갖고 있음으로써 만나는 모든 사람들에게 삶을 증진시킨다는 인상을 줄 수 있어야 한다.

앞서 제시된 지침들을 실천에 옮기는 사람은 누구나 틀림없이 부자가 될 것이다. 그가 얻게 되는 부는 그가 얼마나 명확한 비전을 갖고 있는지, 얼마나 확고한 목적의식을 갖고 있는지, 얼마나 굳건한 신념을 갖고 있는지, 그리고 얼마나 깊이 감사하고 있는지에 정확하게 비례할 것이다.

성공과 자기 계발 분야의 선구적인 저자

월러스 D. 와틀즈(1860~1911)

월러스 D. 와틀즈는 『새로운 사고와 금식을 통해 얻는 건강』, 『부를 끌어당기는 절대 법칙』, 『위대해지는 절대 법칙』, 『잘 사는 절대 법칙』과 소설인 『헬파이어 해리슨』 등 다수의 책을 저술했다. 그러나 그의 저서 중 가장 잘 알려진 것은 성공과 자기 계발 분야의 고전이라고 할 수 있는 『부를 끌어당기는 절대 법칙』이다.

와틀즈의 생애에 대해서는 알려진 것이 별로 없다. 와틀즈는 남북 전쟁이 끝나고 난 직후 미국에서 태어났으며 인생 초반에는 아주 많은 어려움을 겪었다. 인생 후반부에 들어서 와틀즈는 데카르트, 스피노자, 라이프니츠, 쇼펜하우어, 헤겔, 스웨덴보그, 에머슨 등을 포함한 철학자들의 이론과 종교에 대해 다양하게 연구하기 시작했다. 와틀즈가 새로운 사고의 원칙을 발견하고 자신의 삶 속에서 그 원칙을 실행에 옮기게 된 것은 바로 이런 지칠 줄 모르는 연구와 실험을 통해서였다. 와틀즈는 이런 원칙들을 그의 저서에서 글로 옮기기 시작했다. 그는 창조적인 생각의 비전화라는 기술을 실행에 옮겼다.

그의 딸인 플로렌스는, "아버지는 거의 끊임없이 글을 썼다. 아버지가 마음속에 비전을 형성한 것은 글을 쓰면서였다. 아버지는 자기 자신을 성공적인 작가이고, 능력 있고 발전하는 사람으로 보았으며, 그 비전을 실현하기 위해서 일하기 시작했다. 아버지는 당신이 책에 쓴 그대로 살아가셨다…. 아버지는 진실로 강력한 삶을 사셨다."라고 말하고 있다.

엘리자베스 타운은 1900년도 초반부터 월러스가 갑작스럽게 사망한 1911년에 이르기까지 그녀가 발간한 잡지인 "노틸러스"의 거의 매 호에서 와틀즈의 기사를 실었다. 와틀즈가 사망하고 난 직후, 타운에게 와틀즈의 딸인 플로렌스가 보낸 편지는 다음과 같다.

타운 선생님에게…

선생님이 보내 주신 14번째 편지를 받았습니다. 아마도 조만간 저는 아버지의 삶에 대해 아주 낭만적이고 정말로 읽을 만한 이야기를 쓸 수 있을 것 같습니다. 선생님은 아셨죠? 아버지께서 소위 "이단"이라고 감리교에서 퇴출되신 것을요.

아버지는 1896년에 시카고의 개혁주의 컨벤션에서 조지 D. 헤론을 만났습니다. 그리고 헤론의 사회에 대한 비전을 얻으셨습니다. 저는 아버지가 집에 돌아오셨던 날 아침을 절대로 잊지 못할 것입니다. 그 날은 크리스마스였습니다. 어머니는 갖고 계시던 마지막 1달러를 커프스 상자 안에 넣었습니다. 우리는 크리스마스 트리로 세워놓은 상록수 가지 아래에 그 상자를 놓았습니다. 우리는 양초를 가지고 상록수를 밝혔으며 팝콘을 매달아 장식했습니다. 마침내 아버지가 돌아오셨습니다. 그 특유의 아름다운 미소를 얼굴에 띤 아버지는 크리스마스트리에 대해 칭찬을 해 주고 커프스 상자는 아버지가 꼭 필요로 하던 것이라고 말씀하셨습니다. 그런 다음 우리 모두를 품에 안고 사회에 대한 예수의 놀라운 말씀을 들려 주셨습니다. 나중에 아버지는 그 말씀을 『새로운 그리스도』에서 구체적으로 표현하셨습니다.

그 날부터 돌아가실 때까지 아버지는 인간의 형제애라는 찬란한 비전을 실현하기 위해 끊임없이 노력하셨습니다. 아버지의 삶은 아주 오래 동안 가난과 가난에 대한 두려움으로 점철된 힘겨운 것이었습니다. 아버지는 항상 가족들의 삶을 풍성한 것으로 만들어줄 수 있는 것들을 얻기 위해서 계획을 세웠습니다.

아버지는 『천재가 되는 법』의 1장에서 이렇게 말씀하셨습니다.

"인간의 최대의 행복은 사랑하는 사람들에게 혜택을 나누어주는 데서 찾을 수 있다."

아버지는 인간에 대한 믿음을 결코 잃지 않았습니다. 아버지는 그릇된 것을 바로잡고, 모든 사람들이 마땅히 가져야 하는 좋은 것들을 주는 절대적인 지성의 능력에 대한 확신을 단 한 순간도 잃지 않으셨던 것입니다.

3년 전에 우리가 인디애나 주의 엘우드로 왔을 때 아버지는 인디애나폴리스에서 일요일 밤 강연을 시작했습니다. 그것이 우리의 유일한 수입원이었습니다. 후에 아버지는 '노틸러스' 지에 글을 기고하면서 당신의 철학을 발표하기 시작했습니다. 아버지는 거의 끊임없이 글을 썼습니다. 아버지가 마음속에 비전을 형성한 것은 글을 쓰면서였습니다. 아버지는 자기 자신을 성공적인 작가이며, 능력 있는 인물이며, 발전하는 사람으로 보았으며 그 비전을 실현하기 위해서 일하기 시작했습니다…. 아버지는 "천재가 되는 방법"에 담긴 글을 모조리 삶에서 실현하셨습니다. 인생의 마지막 3년 동안 아버지는 많은 돈을 벌었으며 몸이 약한 것 이외에는 건강을 유지하셨습니다.

저는 이 편지를 아주 급하게 쓰고 있습니다. 그러나 이 편지를 통해 선생님께서 한 위대한 사람의 실패와 성공 등, 그 분의 삶의 투쟁에 대해서 충분히 알 수 있게 될 것이라고 생각합니다. 아버지의 삶은 진실로 강력한 것이었으며 적어도 엘우드에서만큼은 '동료 인간들을 지극히 사랑한 한 사람이 다른 사람들을 이끌었다'라고 감히 말할 수 있습니다.

늘 건강하시기를 바라며,

플로렌스 A. 와틀즈 드림

와틀즈의 가장 잘 알려진 저서인 『부를 끌어당기는 절대 법칙』은 매우 현실적이고 명확하고 실제적인 지침서이다. 부자가 되는 방법에 대해서 정신적인 그리고 영적인 접근 방식이 담겨 있는 지침서인 것이다. 이 책에서 제시하는 지침들을 따른다면 당신 역시 아무런 죄책감 없이 부자가 될 것이라는 말을 할 수 있을 것이다. 오히려 와틀즈는 가난에 찌든 사람들은 (심지어 중산층까지도) 생각하는 존재로서 자신이 갖고 있는 진정한 잠재력을 충분히 발휘하지 못하는 것에 대해서 죄책감을 느껴야 한다고 적고 있다.

와틀즈는 그의 저서에 대해서 "가장 급박한 문제가 돈인 사람들을 염두에 두고 쓴 것이다. 부자가 되는 것이 먼저이고 그에 대해서 사유하는 것은 나중인 사람들을 위한 것이다. 이 책은 철학책이 아니고 실용서적이다. 이론을 내세우는 것이 아닌 실제적인 지침서이다. 이 책은 지금까지 형이상학을 깊이 연구할 기회나 수단이나 시간은 없었지만 성공이라는 실제적인 결과를 원하며 과학적인 결론을 행동의 근거로써 사용할 용의가 있는 사람들을 위한 책이다."라고 말한다.

그는 또 말한다. "가난도 미덕을 갖고 있다고 말할 수 있다. 그러나 아무리 그렇게 말해도 부유하지 않다면 진실로 성공적이거나 완전한 삶을 영위할 수 없다는 것은 여전히 사실로 남아 있다. 많은 돈을 갖고 있지 않은 사람은 영적인 능력이나 지적인 능력을 최대한 계발하고 발전시킬 수 없다. 영적으로 깊이를 더해가고 지적인 능력과 재능을 발전시키기 위해서 사람은 많은 것을 사용해야 하는데 돈이 없으면 그런 것들을 살 수 없기 때문이다."

와틀즈는 1910년에 『부를 끌어당기는 절대 법칙』이 발간되고 나서 얼마 지나지 않아 사망했다. 그러나 그의 책은 성공과 자기 계발서 분야에서 당대 또 다른 저명한 저자였던 오리슨 스웨트 마덴의 책들과 함께 사람들에게 놀라운 영향력을 끼쳤다. 지난 100년 동안 나폴레온 힐, 로버트 슐러, 안소니 로빈스 등과 같은 사람들의 성공과 자기 계발서적들은 와틀즈와 마덴의 저서에서 큰 도움과 영향을 받았다고 할 수 있다.

옮긴이 **이옥용**
서울에서 태어났으며, 이화여대 영어영문학과와 미국 아이오와 주립대학원을 졸업했다. 현재 외국의 문학을 아름다운 우리 글로 옮기는 일에 매진하고 있다. 역서로 제인 오스틴의 『엠마』와 『맨스필드 파크』, 토니 애버트의 『드룬의 비밀』, 케빈 길포일의 『그림자의 무게』, 『백만장자를 위한 공짜음식』 등 다수가 있다.

부를 끌어당기는 절대 법칙

초판 1쇄 발행 2010년 1월 20일
초판 3쇄 발행 2010년 1월 25일

지은이 월러스 D. 와틀즈
펴낸이 박찬후
펴낸곳 북허브
주소 서울시 마포구 합정동 397-7, 201호
전화 02-3281-2778
팩스 02-565-6650
e-mail book_herb@naver.com
http://cafe.naver.com/bookherb

*잘못된 책은 구입하신 서점에서 바꾸어 드립니다.

값 12,000원
ISBN 978-89-961905-3-0(13320)